SANTA MUERTE
LA SEGADORA SEGURA

R. ANDREW CHESNUT

SANTA MUERTE
LA SEGADORA SEGURA

R. ANDREW CHESNUT

TRADUCCIÓN DEL INGLÉS DE
GABRIELA URANGA

Ariel

Título original: *Devoted to Death: Santa Muerte, the Skeleton Saint*
Primera edición en inglés de R. Andrew Chesnut, publicada en 2012

Diseño de portada: Genoveva Saavedra / aciditadiseño
Diseño de interiores: Pulso.inc / Iván Castillo Arteaga

Derechos mundiales en español
Traducción publicada mediante acuerdo con Oxford Publishing Limited

©2012, Oxford University Press, Inc.
©2013, de la traducción, Gabriela Uranga

Derechos reservados

© 2013, Ediciones Culturales Paidós, S.A de C.V.
Bajo el sello editorial Ariel M.R.
Avenida Presidente Masarik núm. 111, 2o. piso
Colonia Chapultepec Morales
C.P. 11570, México, D.F.
www.paidos.com.mx

Primera edición: noviembre de 2013
ISBN: 978-607-9202-70-5

Impreso en los talleres de Litográfica Ingramex, S.A. de C.V.
Centeno núm. 162-1, colonia Granjas Esmeralda, México, D.F.
Impreso y hecho en México - *Printed and made in Mexico*

CONTENIDO

❂-❂-❂-❂-❂

AGRADECIMIENTOS

ESTE LIBRO NO SE HUBIERA PODIDO escribir sin la colaboración de numerosas personas ni sin el apoyo de mi universidad. Ante todo, debo mencionar a las decenas de devotos que me hablaron libremente sobre su fe en la Santa Muerte. Antes de empezar a realizar las entrevistas, durante el verano de 2009, no estaba seguro de cómo me recibirían los devotos, quienes por diversos motivos podrían desconfiar de un investigador gringo. Sin embargo, mis temores se disiparon rápidamente al comprobar que los devotos de la Santa Muerte me hablaban con franqueza acerca de su devoción hacia la santa esquelética.

En parte, su espíritu cooperativo se debió al apoyo de la fundadora del culto, Enriqueta Romero, doña Queta, como se le conoce cariñosamente, quien de manera amable me permitió entrevistar a muchos de los fieles que asistían a su famoso altar de la ciudad de México. Como pionera del culto de la Santa Muerte, ella también compartió conmigo información valiosa sobre la fundación y el desarrollo de este culto. Mi hijastro, Eric Martínez, tomó muy buenas fotografías del altar de Tepito.

A unos cuantos kilómetros del altar de doña Queta, David Romo, el fundador y sacerdote dirigente de la primera Iglesia de la Santa Muerte, generosamente me concedió más de dos horas de su tiempo, durante las cuales relató la lucha de su Iglesia contra el Gobierno mexicano y contra la Iglesia católica, entre otros aspectos más. Cuando la edición en inglés del presente libro estaba en prensa, a principios de 2011, este personaje, que se otorgó a sí mismo el nombre de *arzobispo*, fue arrestado y acusado de pertenecer a una banda de secuestradores. En junio de 2012 se sentenció a Romo a 66 años de prisión, y se le impuso una multa de 2 666 días de salario mínimo por el delito de robo. También en la ciudad de México, el novelista y ecologista Homero Aridjis y su hija Eva, una cineasta consumada, expusieron con franqueza sus observaciones sobre el culto.

En Morelia, Michoacán, algunas personas contribuyeron a mi investigación con invaluables testimonios. Mi sobrino Roberto me refirió relatos de primera mano sobre la devoción de la Santa Muerte en la penitenciaría del estado, donde trabaja como guardia. En la tienda de artículos esotéricos Parafinas y Esotéricos Guillermo, Guillermina, la hija del dueño, resultó ser una mina de información sobre el culto en Morelia, y en Michoacán en general. Con generosidad me permitió que entrevistara a los clientes de la tienda, e incluso a algunos los animó para que hablaran conmigo tras haber comprado los productos de la Santa Muerte. En las afueras de Morelia, el chamán de la Santa Muerte, Vicente Pérez Ramos, me enseñó detalladamente el altar de su casa, el más ornamentado de Morelia, y me expuso el mito más original que he conocido sobre los orígenes de la Santa. Mi cuñado Gerardo amablemente me prestó su coche para que hiciera un viaje de investigación sobre la Santa Muerte al sur de México durante el verano de 2010.

En la costa del Pacífico de Michoacán, en el puerto de Lázaro Cárdenas, otros dos miembros de la familia me ayudaron en mi investigación. Mi cuñada Angélica amablemente me permitió entrevistar a sus pacientes en su consultorio dental mientras se encontraban en la sala de espera. Un porcentaje sorprendente de ellos eran devotos, o lo habían sido, de la Santa Muerte. Su hijo Alfredo me acompañó a varios sitios sagrados de Lázaro Cárdenas y de Morelia.

En los Estados Unidos, algunas personas me ayudaron de diversas maneras para la escritura del libro. En Los Ángeles, el chamán Guadalupe Santiago me dio completo acceso a su templo y me dio a conocer nuevos rituales. El jefe interino del Departamento de Policía de Los Ángeles, Michael Downing, me concedió parte de su apretada agenda y me recibió dos días antes de Navidad. Mi exalumno Scott Pridie, agente de la ley, me proporcionó raras fotografías de altares de la Santa Muerte en Houston.

Algunos colegas de los Estados Unidos colaboraron en forma significativa. Candy Brown me hizo útiles comentarios sobre el borrador. Philip Jenkins me sugirió algunos libros sugestivos sobre el tema y me envió correos por internet cada vez que había noticias relevantes, a unos cuantos minutos de que aparecieran en la red. Frank Graziano me proporcionó contactos de investigación en Argentina y me ayudó a contextualizar a la Santa Muerte. Del otro lado del Océano, en Dinamarca, Regnar Kristensen me compartió los hallazgos de sus propias investigaciones.

Mis padres, Robert y Janet Chesnut, me hicieron comentarios útiles sobre el borrador, y mi padre me sugirió el eufónico título del libro, *Devoted to Death*. Me siento profundamente en deuda con ellos por su apoyo incondicional a lo largo del tiempo. Mi hermana amablemente me permitió incluir su propia experiencia con la Niña Blanca en el libro.

En Oxford, la encargada de la edición, Cynthia Read, y su asistente, Charlotte Steinhardt, apoyaron con entusiasmo el proyecto desde el principio. Bajo los auspicios del obispo Sullivan, presidente de Estudios Católicos en la Virginia Commonwealth University, recibí un generoso apoyo para la investigación. También en la Virginia Commonwealth University, la decana adjunta, Catherine Ingrassia, generosamente me concedió un permiso de un semestre para realizar mi investigación.

En la ciudad de México, el equipo editorial de Paidós brilló en la producción del libro. Un agradecimiento especial para mi editora, Ixchel Barrera, y para mi traductora, Gabriela Uranga. También a la escritora Montserrat Hawayek y al editor Juan Guillermo López, quienes contribuyeron con sus valiosos comentarios. El Dr. Guillermo Trejo de la Universidad de Notre Dame y el periodista mexicano Ricardo Raphael también colaboraron en el proceso de publicación del libro.

Por último, mi mayor gratitud es para mi esposa, Fabiola, quien colaboró de muchas maneras, especialmente tomando cientos de fotografías, si no es que miles, del culto y de sus devotos. De este modo, dedico este libro a ella, Mi Flaquita.

◈—◈—◈—◈—◈

VELADORA AZUL
COMPRENSIÓN Y CONCENTRACIÓN

ATRAÍDO POR LA HUESUDA, TAMBIÉN CONOCIDA COMO LA SANTA MUERTE

ALGUNAS PERSONAS SE VUELVEN DEVOTAS por iniciativa propia y van en busca de la Santa Muerte por recomendación de amigos o parientes. Otras reciben un llamado inesperado o una visita en que la Flaquita (uno de sus numerosos epítetos) les ofrece resolver sus problemas. Tal fue mi camino hacia la santa esquelética; esto es, una visita sorpresiva en la primavera de 2009. Durante varios años había llevado a cabo investigaciones sobre la virgen de Guadalupe, la santa patrona de México. Decidí estudiar a la virgen de Guadalupe cuando me faltaba poco para terminar de escribir mi segundo libro. Como especialista en las religiones de América Latina, para mi siguiente libro quería tratar un tema monumental. Como emperatriz de toda América y como reina de México, la virgen mestiza destaca en el panorama religioso de la región. Por supuesto que investigadores y devotos ya han escrito muchos libros y artículos sobre ella, pero estaba convencido de que aún quedaba mucho por decir sobre el avatar de la virgen María más importante del mundo. No obstante, mientras transcurrían los semestres, primero en la Universidad de Houston y posteriormente en la Virginia Commonwealth University, mi entusiasmo por el proyecto disminuía. Ya no sentía la pasión que me había impulsado en mi investigación y escritura previas, y no estaba seguro a qué se debía.

En este contexto de desazón sobre el tema de mis estudios, a principios de la primavera de 2009 apareció la Huesuda (otro apelativo común de la Santa Muerte) en mi laptop, lo que me llevó a fijarme en ella. En forma más específica, lo que en última instancia me indujo a cambiar a la virgen de Guadalupe por una figura que a primera vista parecía su antítesis, una especie de antivirgen, fue la noticia de un ataque militar dirigido contra ella en la frontera de México y Estados Unidos. A finales de marzo, el Ejército Mexicano derribó cerca de cuarenta altares de la Santa Muerte en los lindes de México con California y Texas, la mayor parte de ellos en los alrededores de Tijuana y de Nuevo Laredo. Bulldozers del ejército habían arrasado los mismos altares que bordeaban la carretera por donde habíamos pasado en numerosas ocasiones durante nuestros largos viajes por carretera de Houston a Morelia, capital de Michoacán y lugar de nacimiento de mi esposa.

Comencé a hacer el recorrido de 18 horas por carretera en 2006, y en cada nuevo viaje notaba que el número de altares improvisados al borde de la autopista principal que corre de Nuevo Laredo a Monterrey se multiplicaba. Los toscos altares de concreto, a menudo ocultos por las camionetas y las furgonetas de los devotos, nos indicaban, en nuestro viaje de regreso, que la frontera de Texas estaba aproximadamente a media hora de camino. Me preguntaba qué había hecho la Santa Muerte para merecer que el Gobierno mexicano profanara con tanta agresividad sus recintos sagrados.

Mientras las imágenes de sus espacios sagrados reducidos a escombros se sucedían en la pantalla de mi computadora, experimenté una epifanía. Mi pasión ya mermada por investigar a la virgen de Guadalupe sería remplazada por un intento de entender por qué el Gobierno mexicano había declarado a la Santa Muerte enemiga virtual del Estado. En un sentido más amplio, trataría de descubrir el porqué la devoción hacia ella había crecido tanto en poco más de una década, de modo que, con excepción de la virgen de Guadalupe, su popularidad actual había llegado a eclipsar a la de cualquier otro santo en México. Al no haber sido nunca reacio a las epifanías, di la espalda a la Virgen y decidí encarar a la Santa Muerte. Intentaría explicar por qué en tan solo 12 años, la devoción a la Santa Muerte había dejado de ser una práctica oculta, desconocida para la mayoría de los mexicanos, para convertirse en un culto público que aumentaba constantemente y que ya contaba con millones de devotos en México y en los Estados Unidos.

La Niña Blanca vestida de blanco, capilla de la Santa
Muerte, Santa Ana Chapitiro, Michoacán

ENCUENTRO CON LA MUERTE

Algunos lectores se habrán topado con la Niña Blanca (otro de sus populares apelativos) en sus viajes a México, en tanto que otros la habrán
encontrado en calcomanías en los automóviles y en los camiones, o en
velas votivas en los supermercados de Los Ángeles, Houston, Nueva York
y otras ciudades que cuentan con grandes comunidades de inmigrantes
mexicanos. Pero me figuro que la mayor parte de los lectores sabrán
por primera vez quién es la Madrina (otro epíteto popular). A los que
ya estén familiarizados con la Santa Muerte les pido que me tengan
paciencia mientras presento una breve introducción de esta santa a
las personas que aún no han tenido contacto con sus manifestaciones.

Como su nombre lo indica, la Santa Muerte es una santa popular mexicana que personifica a la muerte. Sea como estatua de yeso o como vela votiva, como medallón dorado o como estampa, generalmente se muestra como Sombrío Segador femenino con guadaña y ataviada con sudario, en forma similar a su contraparte masculina. A diferencia de los santos oficiales, canonizados por la Iglesia católica, los santos populares son espíritus de la muerte considerados sagrados gracias a su poder de hacer milagros. En México, y en Latinoamérica en general, tales santos populares, como el Niño Fidencio, Jesús Malverde, Maximón y San la Muerte (la contraparte argentina de la Santa Muerte) cuentan con una devoción muy amplia, y a menudo se recurre a ellos más que a los santos oficiales.

A diferencia de los santos oficiales, la mayor parte de los santos populares nacieron y murieron en suelo latinoamericano. El Niño Fidencio, por ejemplo, fue un curandero que vivió a principios del siglo XX en México, en tanto que Pedro Batista encabezó una comuna religiosa en las zonas rurales de Brasil durante el mismo período. Así, los santos populares se encuentran unidos a sus devotos por la nacionalidad, y a menudo por la región y la clase social. Una vendedora ambulante de la ciudad de México explicó que la atracción que ejercía la Santa Muerte se debía a que «ella nos entiende porque es una cabrona como nosotros». En cambio, los mexicanos nunca se referirían a la virgen de Guadalupe con un calificativo así. A diferencia de otros santos populares, entre ellos los santos de Argentina (San la Muerte) y de Guatemala (el Rey Pascual), que se representan con esqueletos, la Huesuda se distingue porque para la mayor parte de sus devotos es la personificación de la muerte misma, y no un ser humano que ha fallecido.

El nombre mismo de la Santa Muerte nos dice mucho acerca de su identidad. Al igual que en todas las lenguas romances, en español la palabra *muerte* es femenina. Algunos observadores eventuales de la Niña Blanca han atribuido erróneamente su identidad femenina al género femenino de dicha palabra en español. No obstante, el hecho de que los santos de la muerte de Guatemala y Argentina sean figuras masculinas muestra que debe de haber otra explicación para la identidad femenina de esta santa. En todo caso, la Santa Muerte y el argentino San la Muerte son los únicos santos de América que contienen la palabra *muerte* en sus nombres. Tanto para los devotos como para los no creyentes, resulta obvio que la mirada vacía de la santa esquelética es la mirada de la muerte.

Ante todo, la Santa Muerte es una santa no oficial que cura, protege y conduce a los devotos a sus destinos en la otra vida. Hay una variante de su nombre: los devotos tienden a llamarla Santísima Muerte en sus rituales, como en el rosario de la Santa Muerte. De este modo, su nombre, Santa Muerte, y la miríada de epítetos que posee revelan claramente su identidad como una santa femenina popular que personifica a la muerte. En cambio, el *san* de San la Muerte denota claramente la identidad masculina del santo argentino.

Ninguna introducción a la Santa Muerte quedaría completa sin unas breves consideraciones sobre una de sus características más singulares, su género. En tanto que abundan santos populares en América, y que otros esqueletos sobrenaturales obran milagros en Guatemala y Argentina, la Santa Muerte se yergue como la única santa femenina de la muerte desde Chile hasta Canadá. La forma asexual de su esqueleto carece de indicio alguno de su feminidad. Lo que revela la feminidad de la Santa es su atuendo y, en menor medida, su cabello. Los devotos y los fabricantes de las imágenes de producción masiva de la Huesuda, generalmente la visten de monja, de virgen, de novia o de reina. Túnicas medievales rojas y negras, trajes blancos de novia, mantos de satén de colores brillantes de manera habitual cubren su esqueleto, dejando solamente sus huesudos pies, manos y cara a la vista.

Al igual que sus contrapartes masculinas, San la Muerte y el Rey Pascual, la Madrina en general ostenta el cráneo sin pelo. Sin embargo, siguiendo el ejemplo de la gran pionera de la devoción, Enriqueta Romero (conocida cariñosamente como doña Queta), muchos devotos adornan sus estatuillas de la Santa Muerte con pelucas castañas y negras. De hecho, una emprendedora, devota de este culto, dirige un floreciente negocio en la ciudad de México donde los creyentes llevan sus estatuillas para que las vistan y las peinen a fin de que luzcan como la Niña Bonita (otro nombre). Pero más que la Niña Bonita, la Santa

Muerte es la Dama Poderosa, ya que sus habilidades para hacer milagros la convierten en el santo popular mexicano más potente, y en un
rival de la patrona nacional, la virgen de Guadalupe.

LOS DEVOTOS DE LA MUERTE

Su reputación de obrar milagros de manera rápida y eficaz es precisamente lo que ha provocado el meteórico crecimiento de su culto
a partir de 2001. Un breve perfil de los devotos de la Santa Muerte
ayudará a revelar las razones de su inmensa popularidad. Dado que su
culto generalmente es informal, que carece de organización y que solo
se volvió público hace 12 años, resulta imposible saber con exactitud
cuántos mexicanos e inmigrantes –de origen mexicano y centroame-
ricano– en los Estados Unidos se cuentan entre sus devotos. El otro
gran pionero de la devoción, el padre David Romo, fundador de la
primera Iglesia de la Santa Muerte, situada en la ciudad de México,
me dijo que alrededor de unos cinco millones de mexicanos veneraban
al Ángel de la Muerte. Esto mismo expresaron miembros de la prensa
mexicana en otras entrevistas. Al preguntar al padre cómo había llegado a tal cifra, explicó que se mantenía en contacto con creyentes de
todo México y los Estados Unidos, quienes le daban estimaciones de
la dimensión del culto en sus poblados, ciudades y regiones.

El hecho de que aproximadamente 5% de la población mexicana
–consistente en alrededor de 100 millones de habitantes–, fuera devota
de la Santa Muerte no parecería descabellado teniendo en cuenta otras
evidencias de su popularidad. Las ventas de sus objetos rituales (velas
votivas, figurillas, estampas, etcétera) en miles de yerberías, tiendas
esotéricas y en puestos de mercado donde se ofrecen artículos religiosos, pociones y polvos mágicos y yerbas medicinales en todo México y
muchas grandes ciudades de los Estados Unidos, superan con mucho
las ventas de los artículos referidos a los otros santos. Distintos tenderos
me dijeron que durante los últimos siete años, aproximadamente, lo
que más compraban los clientes eran los productos de la Santa Muerte,
más aún que los de San Judas Tadeo –uno de los santos más populares
de México–. Guillermina, cuyo padre posee tres tiendas esotéricas en

la ciudad de Morelia, afirmó que desde 2004, cerca de la mitad del total de los productos vendidos en las tres tiendas estaban relacionados con la Huesuda. Dicha santa ocupaba muchos más estantes y espacios en el piso que cualquier otro santo en cada una de las docenas de tiendas y puestos de mercado que visité en los veranos de 2009 y 2010. Los comerciantes callejeros que venden una gran variedad de objetos a los conductores atrapados en el tráfico –en espera de cruzar la frontera hacia los Estados Unidos–, ofrecen muchas más figurillas de la Santa Muerte que de cualquier otro santo, incluida la virgen de Guadalupe. Por último, el oficio mensual del culto, denominado el *rosario* –que tiene lugar en el memorable altar de doña Queta y que se encuentra en el violento barrio de Tepito de la ciudad de México–, atrae a varios miles de creyentes.

Durante los últimos siete años, la Huesuda ha acompañado a sus devotos cuando cruzan la frontera de los Estados Unidos y se ha establecido a lo largo de más de tres kilómetros sobre la línea fronteriza, así como en las ciudades que tienen comunidades de inmigrantes. No resulta sorprendente que en poblaciones como El Paso, Brownsville y Laredo la evidencia de su culto sea mayor. Su imagen de Sombría Segadora, plasmada en calcomanías en blanco y negro, se pasea en las ventanas posteriores (a menudo polarizadas) de innumerables furgonetas y camionetas, con lo que se deja ver tanto la devoción de los ocupantes, como el aumento de su presencia. En tiendas de objetos religiosos como las que encontré en México, los comerciantes establecidos a lo largo de la cruda frontera hacen un buen negocio con la venta de incienso, lociones y, sobre todo, veladoras de la Santa Muerte. Casi toda la cobertura de noticias en televisión sobre el rápido aumento de su culto en los Estados Unidos ha provenido de estaciones locales de estas ciudades fronterizas. Como es de esperarse, las noticias tienden a ser sensacionalistas, exagerando los supuestos lazos del culto a la Santa Muerte con el tráfico de drogas, el asesinato e incluso los sacrificios humanos.

Al norte del área fronteriza, la Madrina escucha las oraciones y peticiones de los inmigrantes mexicanos y, en menor medida, de los centroamericanos, quienes le piden el favor de poder salir adelante en el nuevo territorio. Los Ángeles, Houston, Phoenix y Nueva York, con sus amplias comunidades de mexicanos y centroamericanos, son lugares en los que se puede encontrar a la Dama Poderosa protegiendo a sus creyentes.

Hogar de la mayor población de inmigrantes mexicanos, Los Ángeles es la meca estadounidense del culto a la santa esquelética. Además de contar con por lo menos dos tiendas de artículos religiosos que ostentan su nombre (Botánica Santa Muerte y Botánica de la Santa Muerte), la ciudad de Los Ángeles ofrece a los devotos dos templos donde pueden agradecer al Ángel de la Muerte los milagros concedidos o pedirle salud, riqueza y amor. La Casa de Oración de la Santísima Muerte y el Templo Santa Muerte son los únicos santuarios dedicados a su culto en el país. Este último ofrece misas, bodas, bautismos, además de rosarios y oficios de sanación. La web del Templo Santa Muerte, de inspiración gótica (http://templosantamuerte.com), transmite música devota y algunas de sus misas.

Houston, ciudad donde viví durante 11 años, aún no cuenta con lugares públicos de culto, pero la Hermana Blanca aparece en velas votivas y en cajas de incienso –entre otros productos– en cientos de anaqueles de los supermercados y tiendas de artículos religiosos. En junio de 2009, al salir del estacionamiento del supermercado Fiesta –situado en el centro de Houston y perteneciente a una gran cadena de supermercados locales que atiende a los latinos, en especial mexicanos–, noté una estatua blanca de la santa de alrededor de 1.20 m de altura, que viajaba en la caja de una camioneta Ford de modelo reciente. La ventana trasera polarizada de la camioneta también tenía una calcomanía de la Santísima Muerte. Los devotos de la ciudad de Bayou (como se conoce popularmente a Houston) cuentan con por lo menos tres tiendas de artículos religiosos que llevan el nombre de la Santa Muerte.

Además de estas grandes ciudades, devotos y curiosos pueden encontrar a la santa esquelética incluso en poblaciones con comunidades de inmigrantes mexicanos relativamente pequeñas. Cuando recibí el llamado para escribir este libro, estaba seguro de que no podría encontrar a la Santa en Richmond, Virginia, la ciudad donde yo vivía entonces. A diferencia de Houston o de Los Ángeles, donde los latinos constituyen la mitad de la población, la capital de Virginia tiene una población de latinos menor a 10%. Para mi gran sorpresa, encontré veladoras e incluso estatuillas de la Niña Bonita en dos pequeños mercados en una parte de la ciudad que no es predominantemente latina. La empleada salvadoreña de una tienda de comestibles a la que concurren sus paisanos, aunque me vio con sospecha –quizá pensando en la Agencia Antidrogas (DEA), en el Servicio de Inmigración y control de Aduanas (ICE), o en la Oficina Federal de Investigación (FBI)– cuando le pregunté acerca de las ventas de veladoras y de estatuillas de la Santa Muerte, me reveló que las veladoras se vendían bien, mucho mejor que las figurillas de plástico, que son más caras. Al otro lado de la calle, en la Bodega Latina, a la que asisten más mexicanos, la afable y joven empleada procedente de Guadalajara no pareció tomarme por agente de la ley y amablemente me informó que las veladoras se vendían muy bien, y que además veía más signos de devoción hacia la Santa Muerte en Richmond que en Guadalajara. Mi esposa, que me acompañaba en esa ocasión, y yo supusimos que la joven debía de tener ya mucho tiempo sin regresar a México. En todo caso, durante los últimos siete años la Huesuda ha acompañado a decenas de miles de sus devotos a lo largo de la frontera y en las grandes ciudades y pequeñas poblaciones de este país, en cualquier lugar en donde tratan de forjarse una nueva vida.

La Santa Muerte tiene seguidores procedentes de todos los ámbitos sociales. Entre sus creyentes encontramos estudiantes de bachillerato, amas de casa de clase media, choferes de taxi, traficantes de drogas, políticos, músicos, médicos y abogados. Rodrigo es un próspero abogado de poco más de 20 años, a quien conocí en el famoso altar de doña Queta, situado en Tepito. Se encontraba allí con una veladora blanca en la mano para agradecer a la Niña Blanca por haberlo liberado de sus secuestradores. Ahí también estaba Claudia, una contadora de 33 años, quien se convirtió en creyente de los poderes milagrosos de la Santa en la mesa de operaciones. Antes de ser intervenida por una infección pulmonar, el cirujano de Claudia le dio una estatuilla de la Dama Poderosa y le sugirió invocar sus poderes sanadores. Al igual que muchas otras personas que acuden al altar de Tepito, Claudia estaba allí para agradecer a la Santa Muerte por haber sido curada de una enfermedad.

Debido a la asociación que se hace de la Santa Muerte con el crimen organizado –especialmente con el narcotráfico y el secuestro–, así como a la condena por parte de la Iglesia católica y las iglesias protestantes, los creyentes más adinerados de esta santa tienden a mantener su devoción en forma privada. Los devotos acaudalados prefieren celebrar los rituales en los altares de sus casas para pedir a la Santa que actúe en su bien. De acuerdo con el novelista e intelectual mexicano Homero Aridjis, en la década de 1990 el Ángel de la Muerte contaba con numerosos seguidores entre políticos de alto rango, estrellas de cine, jefes de la droga e incluso entre las altas dignidades de la Iglesia católica, antes de que su culto se volviera público. En su reciente libro de cuentos, *La Santa Muerte*, Aridjis incluye un relato de ficción sobre la asistencia de este tipo de devotos a una bacanal con motivo de un cumpleaños en el año 2000. La boda de Niurka Marcos, celebrada en 2004, confiere cierto crédito a las aseveraciones de Aridjis. La actriz de televisión de origen cubano pidió a David Romo, fundador de la primera Iglesia de la Santa Muerte, que oficiara sus nupcias en una exclusiva hacienda ubicada en las afueras de la ciudad de México.[1]

Sin embargo, en un país con un nivel educativo promedio de octavo grado escolares, la mayoría de los devotos de la Santa Muerte está compuesta por choferes de taxi, prostitutas, vendedores callejeros, amas de casa y delincuentes, procedentes de la vasta clase trabajadora urbana. Ejemplo paradigmático de este tipo de devotos es la madrina del culto, doña Queta. Antes de realizar su acto histórico de mostrar una estatua de tamaño real de la Sombría Segadora frente a su casa el día de Todos los Santos en 2001, Enriqueta Romero completaba el ingreso familiar con la venta de quesadillas a los vecinos y transeúntes. Doña Queta, quien a menudo porta un delantal de cuadros azules y blancos –que prácticamente constituye el uniforme de las mujeres de clase trabajadora en México–, solo cuenta con educación primaria. Su español subido de tono y salpicado de abundantes palabrotas, es característico de los obreros y es reflejo de Tepito, barrio rudo y de mala fama de la ciudad de México, donde las bandas de narcotraficantes, los secuestradores, las prostitutas y los contrabandistas gobiernan las calles. Doña Queta inició su ceremonia del rosario de la Santa Muerte en agosto de 2009, advirtiendo a los creyentes que regresaran a sus casas de inmediato después de terminado el ritual para evitar que los acosaran «todos los pinches ladrones y matones de los alrededores». Uno de sus siete hijos cumplió una sentencia en la cárcel, y doña Queta atribuye su liberación a la intervención divina de la Niña Hermosa.

Raquel es otra típica devota que proviene de las crudas afueras de la ciudad de México. Tiene 19 años, abandonó el bachillerato y está desempleada. Cuando la entrevisté en el altar de doña Queta tenía una delgadez anoréxica. Dijo que se volvió devota tras la aparición de la Dama Poderosa en medio de una lucha de pandillas. La Santa atrajo a Raquel unos pasos atrás en el momento preciso en que iban a clavarle una navaja en el estómago. Raquel, al igual que muchos otros creyentes, se encontraba ese día en el famoso altar de Tepito con una vela votiva dorada de la Santa Muerte. Antes de hablar conmigo sobre su devoción, colocó la veladora encendida en la base del altar junto a muchísimas otras y pidió a la santa esquelética de tamaño real –colocada detrás de un vidrio protector– que le concediera el milagro de un empleo.

Según el decir general, Raquel corresponde al perfil característico de los devotos de la Santa Muerte en lo que se refiere a sexo y a edad. A diferencia de los Estados Unidos, México es un país de gente joven, con un promedio de edad de 24 años. Los padrinos del culto, doña Queta y David Romo, confirman que la mayor parte de los creyentes son adolescentes o jóvenes veinteañeros y treintañeros. Asimismo, ambos dijeron que veían más mujeres que hombres en sus lugares de culto. El padre Romo afirmó que más de dos tercios de quienes asistían a los oficios semanales de su Iglesia eran mujeres. Durante los numerosos días que visité el altar de doña Queta para entrevistar a los devotos, también noté que de las personas que acudían a ver a la Santa regiamente vestida, las mujeres y muchachas eran casi el doble que los hombres.

No obstante, los oficios mensuales del rosario de doña Queta son un asunto prácticamente masculino. En el oficio de agosto de 2009, no más de 20% de los devotos que asistieron al oficio eran mujeres. Es posible que la escasez de mujeres en este ritual se deba a la fama de

Tepito como el barrio de México con mayor índice de delincuencia. La advertencia de doña Queta al final del oficio confirmaba este temor. En el verano de 2009, las preocupaciones por la seguridad obligaron a la madrina del culto a cambiar a media tarde los oficios mensuales que se celebraban por la noche. De este modo, los devotos pueden salir del peligroso barrio antes de que caiga la noche, con lo que evitan a los asaltantes nocturnos.

LA MUERTE DEL CRIMEN Y DEL CASTIGO

No resulta paradójico que la Santa Muerte ejerza una atracción especial entre asaltantes y otras personas que viven al margen de la ley en México y los Estados Unidos. Después de todo, los orígenes del culto público están vinculados al crimen. La efigie de tamaño real de la Santa que posee doña Queta y que es objeto de devoción entre decenas de miles de chilangos (término coloquial utilizado para referirse a los residentes de la ciudad de México), fue un regalo que le hizo su hijo para agradecer a la Dama Poderosa su rápida salida de la cárcel. Las plegarias colectivas del oficio mensual del rosario, además de estar dedicadas a los enfermos y las mujeres embarazadas, están destinadas a «quienes están en prisión».

En las penitenciarías de México, Texas y California, el culto a la Huesuda está tan extendido que en muchas de ellas la Santa es el principal objeto de devoción, por encima de la virgen de Guadalupe e incluso de San Judas Tadeo, el santo patrón de las causas perdidas. Mi sobrino Roberto ha trabajado como guardia en la prisión de máxima seguridad de Morelia durante los últimos tres años. Mientras tomábamos un par de cervezas en junio de 2009, Roberto no solo me narró con detalle las muestras de devoción a la Santa Muerte entre los prisioneros, sino que me describió el panorama de todo un sistema penal involucrado en su veneración. Roberto calculó que, de las aproximadamente 150 celdas de la prisión, en unas cuarenta los internos habían erigido altares precarios dedicados a la Dama Poderosa, pues creían que podía liberarlos rápidamente. Entre las ofrendas comunes en sus altares figuran líneas de cocaína, licor destilado en la prisión (conocido como *turbo*), cigarros y porros de mariguana. Las ofrendas también se entregan en forma de tatuajes en espalda y brazos, que algunos prisioneros elaboran por una suma equivalente a tres o cuatro dólares por dibujo. De acuerdo con Roberto, en esta cárcel los tatuajes del Ángel de la Muerte son más populares que los de cualquier otro santo.

Además de las personas que cumplen una sentencia, muchos guardias, trabajadores sociales e incluso abogados defensores forman parte del culto a la Santa Muerte. Roberto comentó que de sus 48 compañeros que trabajaban como custodios, diez de ellos eran devotos, y que no era raro ver en la prisión a abogados y trabajadores sociales con medallones dorados de la Santa sobre sus pechos. En un lugar de trabajo tan peligroso, lleno de drogas y cuchillos improvisados, es comprensible que se necesite la protección sobrenatural ofrecida por la Dama Poderosa. En menos de una década se ha convertido en la santa patrona del sistema penal mexicano, además de que es cada vez más popular en las prisiones estadounidenses, en especial en el suroeste del país y California.

Muchos delincuentes recurren a la Flaquita en busca de protección sobrenatural contra sus enemigos. La veladora votiva de la Santa Muerte que contiene la exclamación ¡LEY, ALÉJATE! (generalmente impresa en español e inglés), se puede encontrar en tiendas de todo México y los Estados Unidos. Asimismo, la veladora de siete colores con la inscripción MUERTE CONTRA MIS ENEMIGOS se vende bien entre quienes, a causa de su trabajo, frecuentemente están en contacto cercano con la muerte.

De hecho, incluso antes del crecimiento astronómico del culto iniciado por doña Queta (la madrina de la devoción), la primera vez que muchos mexicanos se enteraron de la Santa Muerte fue por medio de las páginas de nota roja de los tabloides. Tras haber secuestrado a más de veinte personas en la década de 1990 y haber cobrado más de 40 millones de dólares en rescates, Daniel Arizmendi López fue arrestado en su casa en agosto de 1998. Conocido como el Mochaorejas por su siniestro hábito de cortar las orejas de sus víctimas secuestradas y enviárselas a los miembros de su familia, Arizmendi inspiró numerosos y llamativos titulares a causa de su devoción a la santa de la muerte, a la sazón prácticamente desconocida. Los agentes de la policía mexicana descubrieron un altar dedicado a la Santa Muerte en su casa y, por extraño que parezca, le permitieron llevar la estatuilla de la Santa a la prisión, donde Arizmendi podría seguir practicando su devoción tras las rejas.[2] Así, tres años antes de que doña Queta iniciara el culto público, uno de los secuestradores más ignominiosos en la historia de México presentó, de forma violenta, a la Santa Muerte ante la sociedad mexicana.

A partir de entonces, la Niña Blanca ha aparecido con cierta regularidad en las páginas rojas de los tabloides mexicanos, y suele ser tema de los noticiarios en las estaciones de televisión locales de la frontera. La policía mexicana –y cada vez más la estadounidense– con cierta frecuencia descubre altares y objetos de culto a la Santa Muerte en los hogares y entre las posesiones de presuntos delincuentes, especialmente narcotraficantes. En marzo de 2009, la policía mexicana arrestó a Ángel Jácome Gamboa, acusado del asesinato de 12 oficiales de policía en la playa de Rosarito, a quienes había matado por orden de su jefe, narcotraficante de gran renombre y figura destacada del crimen organizado de Tijuana. Una de las armas del sicario mostradas a la prensa era un revólver con una imagen de oro de la Santa Muerte repujada en la cacha. La Santa no podría haber estado más cerca del asesino a sueldo mientras él apretaba el gatillo y enviaba a sus víctimas a que los acogiera su huesuda.

La violencia también ha visitado a las figuras más importantes del culto. Nacido y criado en Tepito, el Comandante Pantera era un personaje en ascenso entre los seguidores de la Hermana Blanca. En Ecatepec, un suburbio bravo de la ciudad de México, el joven líder del culto y entusiasta de las motocicletas, también conocido como Jonathan Legaria Vargas, erigió una estatua negra de la Santa de más de 20 m de altura. Incluso antes de que la construcción estuviera terminada, la colosal imagen y su dueño estuvieron envueltos en una controversia. Funcionarios municipales alegaron que la obra violaba la ley urbana, por lo que ordenaron al Comandante Pantera quitar la impresionante estatua, la cual era visible desde una de las principales avenidas que atraviesan la ciudad de México. Ignorando las quejas de los vecinos de la zona –cuyos hijos pequeños no podían dormir porque los asustaba la imagen de la santa esquelética–, Legaria no solo se negó a cumplir las demandas municipales, sino que insinuó que podría estallar la violencia si los policías intentaban derrumbar por la fuerza la estatua monumental. Tanto los medios estadounidenses como los mexicanos dieron amplia cobertura a la controversia y a su carismático protagonista. Devotos y residentes curiosos acudían en masa a los terrenos del templo de Ecatepec para ver la estatua de la Santa Muerte más grande del mundo.

La violencia brotó en las primeras horas de la mañana del 31 de julio de 2008, pero no de la forma en que el Comandante Pantera tenía en mente. La Huesuda vino por uno de sus más prominentes devotos unos cuantos minutos después de que hubiera terminado su programa de radio nocturno dedicado a la devoción de dicha santa. Varios pistoleros cubrieron el Cadillac Escalade de Legaria con cerca de doscientas balas, de las cuales alrededor de cincuenta dieron en el líder del culto, y lo mataron instantáneamente a sus 26 años. La Santa Muerte perdonó a sus dos acompañantes femeninas, quienes sufrieron severas heridas, pero sobrevivieron. Este exceso de violencia es característico de los asesinatos relacionados con las drogas, pero, al igual que muchos otros casos de homicidios en México, el asesinato Legaria sigue sin resolverse tras cinco años de haber sucedido. Desde la muerte del Comandante Pantera, su madre se ha hecho cargo del singular recinto sagrado ubicado en Ecatepec.[3]

Otro asesinato sin resolver relacionado con el culto, que al parecer implicó la realización de sacrificios humanos, obligó al padrino del culto, David Romo, a cambiar literalmente el rostro de la muerte, o al menos de la imagen venerada en su Iglesia. A principios de 2007, asesinos pertenecientes al Cártel del Golfo –uno de los cárteles de drogas más poderosos en México–, mataron a tres hombres esposados frente a un altar de la Santa Muerte en los alrededores de Nuevo Laredo. Consciente de que los asesinatos junto al altar podrían interpretarse como un sacrificio humano, Romo actuó de inmediato para distanciar a su Iglesia de la Santa Muerte (Santa Iglesia Católica Apostólica Tradicional México-Estados Unidos) de lo que él consideraba un horrible sacrilegio, una abominación de la fe.

Unos cuantos meses después de la ejecución en Nuevo Laredo, el padre de la Santa Muerte, personaje caracterizado por su elocuencia y su habilidad política, develó, en la colonia Morelos de la ciudad de México, una nueva imagen de la Santa radicalmente diferente a la habitual. La estatua tamaño natural de un hermoso ángel moreno con tez de porcelana y alas cubiertas con plumas sustituyó a la tradicional santa esquelética en el santuario principal. Romo bautizó al nuevo icono como el Ángel de la Muerte y pidió a los miembros de su Iglesia que cambiaran sus imágenes de la Huesuda por la nueva y bella apariencia de la muerte. Cinco años después, la mayoría de los espacios de este templo permanecían llenos de figurillas, pinturas y veladoras votivas de la muerte en su forma de esqueleto, y en los puestos de ventas –tanto los del interior como los del exterior– prácticamente solo se vendían imágenes de la Sombría Segadora representada en su forma tradicional. Romo culpaba de la ausencia de objetos del Ángel de la Muerte a los vendedores, que no estaban interesados en ofrecer la nueva imagen debido a que la anterior se vendía bien.

Muerte contra mis enemigos, veladoras de la Santa Muerte, templo de la Santa Muerte, ciudad de Puebla

LOS SIETE COLORES DE LAS VELADORAS DE LA MUERTE

Así, en solo 12 años, la Santa Muerte se ha convertido en una de las figuras religiosas más importantes para millones de mexicanos de todos los ámbitos sociales y entre miles de inmigrantes mexicanos y centroamericanos de los Estados Unidos. Aunque no se puede negar la especial atracción que ejerce este culto en las personas que viven, trabajan y mueren en el mundo del hampa –incluidos a los agentes policíacos–, uno de los principales objetivos de este libro es considerar en forma íntegra el fascinante mundo de la santa de la muerte. Si solo nos concentráramos en el simbolismo de las velas votivas negras, que representan el lado oscuro de la devoción, ignoraríamos el de las veladoras rojas, blancas y doradas, que son aún más populares y que los devotos encienden con fines muy alejados del crimen y el castigo.

Con su arcoíris, la poderosa veladora de siete colores (una de las más vendidas) capta claramente la identidad variopinta de la Dama Poderosa. Los devotos ofrecen esta veladora cuando buscan una intervención sobrenatural en múltiples frentes. La que compré en Morelia –que terminó sobre mi escritorio al lado de la impresora– tipifica los variados propósitos de la veladora multicolor. Enmarcada por un borde de 14 calaveras blancas, la imagen de la Santa Muerte, al frente del vaso de la veladora, sostiene la balanza equilibrada que representa la justicia y la estabilidad. En letras burdas –como si se escurrieran– que recuerdan los mensajes garabateados con sangre en los muros de las películas de terror estadounidenses, se lee la frase MUERTE CONTRA MIS ENEMIGOS, situada en la base de la veladora, exactamente debajo del manto de la Santa.

En el reverso de la veladora multicolor y en una tonalidad algo más ligera, aparece la plegaria a la Niña Bonita que sirve para dos propósitos: una petición específica para hacer regresar a un esposo o un novio descarriados y una petición general de protección y favores. Teniendo en mente parejas masculinas infieles, la oración comienza: «Quiero que tú (la Santa Muerte) me entregues a (Juan Pérez) postrado a mis pies para que cumpla sus promesas». Y termina con peticiones a gran escala: «Te ruego que aceptes ser mi protectora y que me concedas todos los favores que te pida hasta mi último día, hora y segundo». En un solo objeto ritual con los colores del arcoíris, la Madrina distribuye justicia, restaura el equilibrio, neutraliza a los enemigos, regresa a los hombres infieles y otorga miríadas de favores. La consideración de todo el espectro de colores de las velas votivas (no solo la negra) permitirá un entendimiento más profundo del considerable aumento que ha registrado el culto a la Santa Muerte durante la última década.

Las veladoras votivas –que son parte de los objetos rituales más importantes del culto a la Santa Muerte– nos proporcionan un esquema natural para la organización del libro, ya que cada color simboliza un aspecto importante del trabajo espiritual que esta santa realiza para sus devotos. Por ejemplo, ya hemos visto que las veladoras negras están asociadas con el lado oscuro de la Santa; estas generalmente se encienden y colocan en el altar con el fin de solicitar trabajos de venganza, de daño y de protección en contra de la magia negra y los enemigos. De acuerdo con esto, en cada capítulo se examinará una veladora de color diferente, así como la faceta del culto que simboliza ese color en particular. Al final del libro se unirán los diversos colores del culto con el objeto de formar un caleidoscopio representado por la veladora de siete colores.

Aunque no sea una de las veladoras más populares en el culto de la Santa Muerte, la veladora café ayudará a iluminar el primer capítulo. Los devotos ofrecen una veladora de color terroso a la santa esquelética para lograr iluminación, discernimiento y sabiduría. Al parecer el argentino San la Muerte dedica mucho más tiempo y energía que la Santa Muerte a ayudar a sus devotos a encontrar sus objetos perdidos y robados. Los adeptos mexicanos y centroamericanos del culto no parecen pedir con frecuencia la ayuda de la Santa para recuperar pertenencias perdidas. No obstante, cuando lo hacen, la veladora marrón es la indicada para este trabajo. El primer capítulo examina los orígenes y la historia, a menudo enigmáticos, de la devoción a la Santa Muerte. ¿Cómo es posible que la versión femenina del Sombrío Segador, una figura considerada macabra y aterradora en la mayor parte del mundo occidental, se haya vuelto objeto de adoración entre millones de mexicanos y centroamericanos, así como entre los inmigrantes mexicanos en los Estados Unidos? ¿La Niña Bonita es mestiza –de ancestros españoles e indígenas mezclados–, tal como sostienen algunos devotos, o es esencialmente de origen azteca, como aseveran muchos otros? La sabiduría y el discernimiento correspondientes a la veladora café ayudarán a contestar dichas preguntas, además de algunas otras.

En contraste con la vela votiva marrón, la blanca constituye una de las más vendidas en los puestos de mercado y las tiendas esotéricas. Además, esta veladora es a menudo la más común en los recintos sagrados de México, como el de doña Queta y el de David Romo. Pureza, protección, gratitud y consagración son sus atributos más frecuentes. Todo esto, junto con el hecho de que el esqueleto de la Huesuda sea blanco y que dos de sus epítetos más comunes –la Niña Blanca y la Hermana Blanca– se refieran a dicho color, conforma un capítulo blanco, el segundo. La flama de esta veladora arrojará luz sobre las creencias y prácticas del culto, inspiradas, en gran medida, en las formas católicas de culto; los devotos emplean un ritual variopinto para venerar a la Santa Muerte. En lo referente a las creencias –el conjunto de ideas que apuntalan la fe–, se analizará hasta qué punto el culto a la Santa Muerte puede considerarse un nuevo movimiento religioso. ¿Su sistema de creencias es simplemente una variante macabra del catolicismo popular, o señala un movimiento religioso nuevo, relativamente liberado de sus amarras católicas? O quizá tengan mayor importancia los actos rituales que obligan a la Dama Poderosa a actuar en favor de sus creyentes. Mucho más que un objeto de contemplación, es una santa de acción, que protege y provee. Así, las oraciones, peregrinaciones y promesas de sus devotos son lo que moviliza los poderes sobrenaturales de la Huesuda para ayudar a sus fieles.

En tanto que la veladora blanca ocupa los primeros lugares de ventas y abunda en los recintos sagrados públicos, la negra es de las menos vendidas y rara vez puede verse en los sitio de devoción al lado de las carreteras y en las banquetas de México. Por supuesto que a causa de que el público en general asocia esta veladora con la magia negra y la brujería, muchos devotos que regular, o incluso ocasionalmente, la utilizan, quizá prefieran encenderla en la privacidad de sus hogares, oculta a los ojos críticos. No obstante, en los numerosos altares privados que he visitado personalmente y en los que he visto en fotografías –incluidas escenas de crímenes–, esta veladora, la más oscura de todas, se encuentra entre las menos populares. Aun así, en las competitivas economías religiosas de México y los Estados Unidos, la vela votiva negra cumple una función como uno de los productos más especiales del culto.

Los devotos que tratan de neutralizar a los enemigos, de vengarse de algún agravio –real o imaginado– o de proteger un cargamento de cocaína con destino a Houston o Atlanta, pueden tratar de reclutar a la Santa Muerte para su causa mediante la ofrenda de una veladora negra. Criados como católicos –practicantes o no–, la mayoría de los devotos de esta santa popular acrítica se siente más a gusto pidiéndole a ella que realice milagros decididamente no cristianos, que solicitándolos a los santos oficiales, quienes tal vez se negarían a bendecir un cargamento de drogas o a contribuir con otros actos ilícitos de este tipo. Así, el tercer capítulo, de color negro, tratará sobre la renombrada asociación de la Santa Muerte con el crimen y el castigo. Se prestará especial atención a la función de esta santa en la guerra contra las drogas en México, la cual ha cobrado cerca de 70 000 vidas en este país desde que Felipe Calderón asumió la presidencia a finales de 2006.[4]

El rojo, junto con el blanco y el negro, figura como uno de los colores históricos del culto, y la veladora de este color se encuentra en primer lugar de ventas, según la indagación que realicé entre vendedores de los Estados Unidos y México. Como investigador, siempre me encuentro con sorpresas enigmáticas durante el curso de mi trabajo de campo. Antes de dirigirme a México en el verano de 2009, no tenía la menor idea de la extraordinaria importancia de las veladoras rojas, ni de sus propósitos. Una revisión exhaustiva de los estudios sobre el culto a la Santa Muerte, entre la que se cuentan artículos de periódicos, blogs, sitios web y folletos, así como algunos estudios académicos sobre el tema, no me dio idea de la suma importancia del papel de la Santa Muerte como doctora sobrenatural para aflicciones del corazón, especialmente entre las mujeres y jóvenes mexicanas y centroamericanas. Las entrevistas con devotos, líderes del culto y vendedores de artículos religiosos revelaron una Dama Poderosa que probablemente pasa más tiempo atendiendo asuntos del corazón que de cualquier otra índole. Por ejemplo Rosa, limpiadora de casas de 32 años de edad y nativa de Pátzcuaro, Michoacán, colocó una veladora roja encendida en el altar de su casa con el fin de que la Hermana Blanca mantuviera a su violento exmarido lejos de ella y de sus cuatro hijos pequeños.

Símbolo de pasión y amor, la veladora roja arde en los altares desde Chiapas hasta Chicago, donde amantes rechazadas y novias celosas piden a la Santa –quien frecuentemente está vestida de novia– que alivie sus quebrantos del corazón o traiga a su novio o esposo descarriados. De hecho, la primera referencia escrita sobre la santa esquelética en el siglo xx la menciona en este contexto. En su libro de 1947, *Treasury of Mexican Folkways*, Francis Toor menciona varias plegarias a la Santa Muerte destinadas a dominar a los hombres con mala conducta.

En el clásico estudio antropológico de Oscar Lewis, publicado en el libro de 1961 *Los hijos de Sánchez*, Marta, residente de Tepito, dice al antropólogo estadounidense que su hermana Antonia le ha recomendado a la Santa Muerte para que su esposo Crispín termine sus relaciones extramaritales:

> Cuando mi hermana Antonia me contó en un principio lo de Crispín, me dijo que cuando los maridos andan de enamorados se le reza a la Santa Muerte. Es una novena que se reza a las doce de la noche, con una vela de sebo. Y me dijo que antes de la novena noche viene la persona que uno ha llamado. Yo compré la novena a un hombre que va a vender esas cosas a la vecindad y me la aprendí de memoria.[5]

La oración que Antonia se disponía a rezar es la misma que se cita en la introducción, una petición para que él regrese «postrado humildemente a mis pies». De este modo, el capítulo 4, de color rojo, examinará el papel de la Santa como una Dama Poderosa que cura las heridas de amor (sobre todo a las mujeres) y castiga a quienes las causan (especialmente a los hombres).

Aparte de los tres colores tradicionales, la veladora dorada de la Santa Muerte se disputa con la blanca el segundo lugar de ventas en los puestos de mercado y las tiendas que ofrecen artículos religiosos, y es, junto con la blanca, la veladora más común en los lugares sagrados públicos –entre ellos el de doña Queta y la Iglesia de David Romo–. A raíz de los despidos y el desempleo causados por la peor recesión económica –desde la Gran Depresión– que se dio tanto en los Estados Unidos como en México, cientos de miles de personas, si no es que millones, han dejado veladoras doradas a los huesudos pies de la Santa Muerte a cambio de bendiciones financieras. Muchos devotos se encontraban en el histórico altar de doña Queta con veladoras doradas en la mano para pedir un trabajo a la Dama Poderosa.

La Santa, que tiene la reputación de cumplir con su tarea, se ha vuelto la patrona oficial de numerosos dueños de pequeños negocios en todo México y parte de los Estados Unidos. Yolanda, de 34 años, aseguró que la Madrina le había ayudado a iniciar su propio salón de belleza en la ciudad de México, e incluso colocó un altar en su negocio para garantizar una afluencia continua de clientes. Ella está tan agradecida con su santa patrona, que cada tres meses paga el equivalente a 160 dólares a una banda de mariachis para que brinde un tributo musical a la Flaquita en los rosarios que se celebran cada mes. Resulta interesante que antes de acercarse a la Santa Muerte, la activa estilista había pedido tanto a la virgen de Guadalupe como a San Judas Tadeo que le ayudaran a abrir su negocio. Yolanda describió a su nueva patrona como más confiable que los otros. En el capítulo 5, de color dorado, no solo se examinará el papel que la Santa representa como agente de empleo y filántropa divina para su multitud de adoradores, sino su posición dentro del comercio, en donde las ventas de su imagen en objetos rituales e incluso camisetas, sudaderas y tenis constituyen un negocio multimillonario.

Aparte del mundo del dinero, la Santísima Muerte desempeña una función indispensable como curandera divina. En mi trabajo anterior sobre el pentecostalismo y el catolicismo carismático mostré que la fe en la sanación era la fuerza que impulsaba el impresionante crecimiento de estas formas del cristianismo centradas en el espíritu. En un sentido similar, una de las grandes paradojas del culto es que a una santa que es la personificación misma de la muerte se le atribuya la capacidad de preservar y alargar la vida mediante sus grandiosos poderes curativos. En este caso, la Santa Muerte no es la Sombría Segadora que trilla las almas con su guadaña, sino la madre de todos los médicos que cura cuerpos quebrantados y huesos fracturados. Así, el capítulo sexto será morado, color de la veladora de la Santa Muerte que simboliza la curación sobrenatural.

Otra curiosa paradoja del culto radica en la disparidad entre el gran énfasis que los devotos ponen en la curación sobrenatural y la relativa ausencia de veladoras moradas en los espacios sagrados y en las tiendas. Esto puede deberse a que por ser uno de los colores más recientes aún no ha logrado popularizarse entre los creyentes, o tal vez a que muchos de los que buscan curas milagrosas prefieren la cobertura amplia de la veladora de siete colores, que incluye el morado en su arcoíris. Cualquiera que sea la explicación, la veladora morada iluminará las formas en que la santa de la muerte actúa para preservar y extender la vida humana en un contexto donde se propagan los agudos agentes patógenos de la pobreza en México y los Estados Unidos.

De acuerdo con el espíritu de los tiempos, la Santa Muerte es una formidable mil usos. Como si los papeles de médico, agente de empleos, doctora del corazón y ángel vengador no fueran suficientes, también presta servicios a sus devotos como santa patrona de la justicia. Seguidores del culto con problemas legales y aquellos que buscan una solución justa a sus problemas ofrecen veladoras verdes a la Dama Poderosa, a la que a menudo se representa portando la balanza de la justicia en la mano derecha. En el capítulo 7, de color verde, se analizará a la Santa, no tanto en el papel de jueza, sino más bien como abogada o defensora sobrenatural. Los jueces juzgan, y como se mencionó anteriormente, uno de los grandes atractivos de la Santa entre sus creyentes es su actitud acrítica. Como defensora divina, más que determinar la inocencia o culpabilidad de sus clientes devotos, a la Santa Muerte le interesa que obtengan el mejor acuerdo posible. En un país en que la justicia y la igualdad ante la ley escasean, millones de mexicanos piensan que solo mediante la intervención divina tienen alguna posibilidad de resolver sus problemas legales. Y si su defensora sobrenatural no puede ayudarlos a ganar su juicio, los devotos encuentran cierto consuelo en la idea de que, tarde o temprano, los perpetradores de la injusticia, junto con el resto de mexicanos, se enfrentarán a la guadaña de la Sombría Segadora que iguala a todos.

Desde luego, la veladora de siete colores es la que mejor representa las múltiples tareas que desempeña la Santa Muerte, por lo que resulta fácil entender la razón de que esta, la más reciente de las veladoras, sea una de las más vendidas, junto con las rojas, las blancas y las doradas. Posiblemente basada en la veladora de las siete potencias de la santería (la religión cubana de origen africano llevada a México por inmigrantes), la veladora de los colores del arcoíris une todos los extraordinarios poderes de la Santa en un solo objeto de devoción. En un país que está saliendo de una de las peores recesiones económicas de las últimas décadas y que se ha visto devastado por una violencia endémica y una guerra contra las drogas catastrófica, muchos mexicanos recurren a la Madrina para que los ayude en múltiples frentes. De este modo, la conclusión multicolor completará el retrato de la santa de la muerte en su escala total de colores, una paleta que incluye el negro, pero que no se limita únicamente a este color.

NOTAS

[1] Susan Ferris, «Saint Death calls to the living in Mexico City», *Atlant Journal-Constitution*, 9 de marzo de 2004; David Romo, entrevista con el autor, 5 de julio de 2009.

[2] *La Revista Peninsular*, «Detienen al peligroso secuestrador Daniel Arizmendi», 18 de agosto de 1998. Las páginas de internet tienen un tono similar.

[3] Juan Manuel Navarro, «Sepultan hoy al líder del templo de la Santa Muerte», *El Universal*, 1 de agosto de 2008, http://www.eluniversal. com.mx/notas/526952.html

[4] Mark Stevenson, «Mexican official: 34 612 drug-war deaths in 4 years», Associated Press, 12 de enero de 2011, http://abcnews. go.com/international/wireStory?id=12600899

[5] Oscar Lewis, «Tercera parte. Marta», *Los hijos de Sánchez*, México, Grijalbo (1961), 1982, p. 293

❖–❖–❖–❖–❖

CAPÍTULO 1

VELADORA CAFÉ

HISTORIA Y ORÍGENES DEL CULTO

MUERTE HECHA EN MÉXICO

ANTES DE AHONDAR EN LOS ORÍGENES más bien oscuros del culto, cabe señalar que la mayoría de los devotos tiene poco interés en la historia de la Santa Muerte. Como pragmáticos religiosos, les interesan sobre todo los milagrosos poderes de la santa popular. Todo lo demás pertenece a la academia. De ahí que gran parte del libro, si no es que su totalidad, se centra en lo que hace la santa esquelética para sus devotos. Sin embargo, a fin de entender mejor el *modus operandi* de la Santa, antes necesitamos conocer su identidad. ¿Quién es y cómo llegó a convertirse en lo que es hoy, a inicios del siglo XXI? Al observar su pasado, examinaremos tanto el mito como la realidad en el desarrollo de su culto. A una pequeña minoría más sofisticada de los miembros del culto le interesa la historia de su amada santa y tiene puntos de vista bien definidos sobre el tema. Otras personas que no son creyentes han aceptado a la Santa Muerte, y a menudo a la misma muerte, como un icono de la mexicanidad, y han elaborado sus propios e interesantes relatos sobre los orígenes de la devoción. Aunque trataré de distinguir entre lo que considero realidad y ficción, creo que encontraremos que los mitos que rodean al culto a menudo son tan reveladores como la realidad y nos dicen mucho acerca de la naturaleza del culto.

La mayor parte de los estadounidenses y de los europeos occidentales reconocerían inmediatamente a la Santa Muerte como una especie de Sombrío Segador femenino que tiene sus orígenes en el catolicismo medieval. E incluso los españoles ni siquiera tendrían que ser muy indulgentes respecto de su género, pues su propia personificación de la muerte, la Parca, es un esqueleto femenino. Sin embargo, los mexicanos tienden a considerar a la santa esquelética como la versión adaptada de una diosa indígena (generalmente azteca o maya) de la muerte. Por más extraño que esto pueda parecer a los observadores extranjeros, para muchos mexicanos las realidades de la historia indígena y los mitos del nacionalismo convergen para dar a la Hermana Blanca un lugar de nacimiento local en el México precolombino.

La versión más común de la historia sobre la identidad indígena de la Santa destaca sus supuestos orígenes aztecas. En particular se cree que la Santa Muerte es una derivación de Mictecacíhuatl, diosa azteca de la muerte que junto con su esposo Mictlantecuhtli reinaba en el inframundo, el Mictlán. Al igual que la Huesuda, la pareja de la muerte generalmente se representaba como esqueletos o cuerpos humanos con calaveras como cabezas. Los aztecas no solo creían que los que morían por causas naturales iban al Mictlán, sino que invocaban los poderes sobrenaturales de estos dioses para intervenir en causas terrenas. La persecución de la religión indígena por parte de los conquistadores españoles provocó que la devoción se volviera clandestina, y que más adelante experimentara un proceso de sincretismo con la fe católica. Así, de acuerdo con esta versión, la azteca Mictecacíhuatl es la misma que reapareció públicamente en el altar de doña Queta en 2001. Sus túnicas y trajes de estilo español, así como sus avíos europeos –la guadaña y la balanza de la justicia– no son más que una apariencia superficial que cubre su verdadera identidad azteca.

Uno de los más prominentes líderes del culto en Morelia estuvo de acuerdo en que la Niña Blanca era de herencia indígena, pero de filiación purépecha, etnia del estado de Michoacán que nunca fue conquistada por sus vecinos aztecas. En una entrevista en su casa, Vicente Pérez Ramos, nativo de Pátzcuaro, consideró que los orígenes de la Santa Muerte procedían de Santa Ana Chapitiro, pequeña población cercana a Pátzcuaro, donde se encuentra uno de los altares de la Santa Muerte más ornamentados del país. Don Vicente afirmó que la santa de la muerte había nacido en el siglo XVI, hija de una pareja purépecha de Santa Ana Chapitiro. A diferencia de los bebés normales, nació del tamaño de una mujer adulta, con piel clara y cabello castaño. Temerosos de que la gente rica (los españoles) les robara a su hermosa hija, los jóvenes padres indígenas la mantuvieron encerrada en su choza. Una noche escapó y comenzó a deambular de pueblo en pueblo. Los aldeanos que se topaban con ella tenían miedo al pensar que esta mujer, que a veces vestía manto blanco y otras uno negro, era una especie de espíritu. A causa de los rumores esparcidos en las aldeas sobre este bello espíritu errante, funcionarios de la Santa Inquisición la arrestaron y la condenaron por brujería. Sus verdugos no pudieron atarla bien a la estaca en la que se la quemaría viva, y eso le permitió doblar el brazo izquierdo hacia arriba –posición en que a menudo aparece actualmente en las estatuillas–. Mientras las llamas de la Inquisición reducían a cenizas a otros acusados de practicar brujería y hechicería, la multitud gritaba asombrada al notar que el esqueleto de la bella joven había permanecido intacto. Entonces fray Juan Pablo gritó a la multitud: «No tengan miedo, no hay nada que temer. Por el contrario, den gracias a Dios de que les haya permitido contemplar a nuestra Santísima Muerte». Así, de acuerdo con don Vicente, el clérigo franciscano fue quien dio nombre a la Santa Muerte. El carismático líder del culto terminó su relato asegurando que el esqueleto de la santa yacía en un ataúd escondido en alguna parte de la población de Santa Ana Chapitiro.

La muerte a un lado del camino. El letrero dice: «Ramos chamán… Culto a la Santa Muerte, Quinta El Refugio en los Triguillos (el nombre de una pequeña población en las afueras de Morelia, Michoacán, donde el chamán Vicente Ramos Pérez abrió un segundo altar)

LA MUERTE HERÉTICA

A diferencia de don Vicente y de muchos otros miembros del culto, los pocos académicos mexicanos que han estudiado a la Santa, así como el padrino del culto, David Romo, consideran que los orígenes de la Niña Blanca provienen de la Europa occidental del medievo. Por ejemplo, la antropóloga mexicana Katia Perdigón Castañeda escribe: «La historia del concepto actual de muerte y su iconografía, reflejada en la Santa Muerte del presente siglo, se relaciona más con la religión judeocristiana (llámese Iglesia católica en este caso particular) que con la olvidada y desconocida voz de los vencidos, es decir, la del pueblo prehispánico».[1] David Romo y otras personas sitúan la génesis de la Santa específicamente en la figura del Sombrío Segador del catolicismo de la Europa medieval. La peste bubónica (la peste negra) convirtió a la muerte en una presencia familiar y constante para los europeos del siglo XIV. En esta época, cuando la enfermedad cobró la vida de al menos un tercio de la población europea, se personificó por primera vez a la muerte como la figura esquelética que conocemos hoy en día. Pintores, escultores y sacerdotes comenzaron a emplear la representación esquelética de la muerte en sus obras. Una de las representaciones más vívidas de la muerte tenía lugar en los cementerios, donde clérigos católicos organizaban la danza de la muerte en la que algunos actores vestidos de esqueletos se movían acompasadamente por última vez antes de que el Sombrío Segador los acompañara al mundo espiritual.

De forma similar, los clérigos españoles empleaban al Sombrío Segador y a su contraparte femenina, la Parca, con fines didácticos entre los indígenas de América. Algunos grupos indígenas como los mayas de las tierras altas de Chiapas y Guatemala y los guaraníes de Argentina y Paraguay a menudo interpretaban la figura de la muerte que les ofrecía la Iglesia como un santo en sí mismo, basándose en sus propias tradiciones de huesos sagrados ancestrales e interpretando el cristianismo desde su propia perspectiva cultural. Esto es más evidente en Guatemala y Chiapas, donde la imagen del santo español franciscano Pascual Bailón, al sincretizarse con la religión maya derivó en la representación popular, mas no oficial, del Rey Pascual: un esqueleto con una corona en su calavera. A pesar de que el fraile español nunca visitó a los mayas de México ni de Guatemala durante su vida, se cree que se apareció a un hombre maya en la década de 1650, en medio de una peste virulenta, cuyo final se le adjudica. Al parecer, los mayas que recibieron la visita sobrenatural de San Pascual fueron los que por primera vez representaron al franciscano como un esqueleto.[2] Durante el período colonial español, los intentos de la Iglesia por erradicar la veneración de este tipo de santos con figuras de esqueletos hicieron que su devoción se volviera clandestina, y así permaneció hasta años recientes.

Las referencias específicas a la Santa Muerte aparecen por primera vez en los testimonios españoles de la Colonia de la década de 1790, casi siglo y medio después que el Rey Pascual. Un documento del año 1797, procedente de los archivos de la Inquisición, titulado *Sobre las supersticiones contra varios indios del pueblo de San Luis de la Paz*, menciona por primera vez a la Santa Muerte. El testimonio de la Iglesia se centra en los chichimecas del actual estado de Guanajuato, y habla de treinta indios que «en las noches se juntan en su capilla para beber peyote hasta enloquecer y privarse de los sentidos, encienden veladoras volteadas al revés y otras teñidas de negro, bailan muñecos estampados en papel, azotan Santas Cruces y a una figura de la muerte que le llaman Santa Muerte la amarran con un mecate nuevo mojado, amenazándola con azotarla y quemarla si no hace el milagro».[3] Al parecer, el milagro en cuestión consistía en el control político local, y por ello el castigo para tales supersticiones fue la destrucción de la capilla donde se encontraba la efigie de la Huesuda, lo que hace pensar en las demoliciones recientes de los recintos sagrados de la Santa Muerte en la frontera.

Los testimonios inquisitoriales de esa época y procedentes de la misma región central de la Nueva España citan una historia muy similar de *idolatría de los indios*, aunque en este caso el esqueleto venerado era una figura masculina que también poseía su propia capilla. En 1793, en el actual estado de Querétaro, un fraile y vicario franciscano presentó una queja contra un grupo de indios que, a mitad de una misa, depositaron en el altar «*un ídolo cuyo nombre es el justo juez, cuya figura es de esqueleto de cuerpo entero sobre superficie colorada, coronado, portando, arco y flecha en manos*».[4] Este dato, junto con la evidencia procedente de Argentina, parecería indicar una fusión extraordinaria de las figuras de Cristo, el Justo Juez y el Sombrío Segador.

En un penetrante estudio sobre los santos populares de América Latina, Frank Graziano menciona dos epítetos del santo argentino de la muerte (San la Muerte), que vinculan a Jesucristo con el santo esqueleto masculino. Tales apelativos, San Justo y el Señor de la Paciencia, se relacionan directamente con la imagen del Señor de la Humildad y la Paciencia, más conocido en México y en Centroamérica como el Justo Juez.[5] Se trata de la representación de Cristo abatido, derrotado después de la flagelación y antes de su muerte en la cruz. De esto se puede deducir que los grupos indígenas del centro de México y del noroeste de Argentina y Paraguay hicieron las mismas asociaciones sincréticas entre las dos figuras principales que utilizaban los frailes católicos para evangelizar, el Sombrío Segador y Jesucristo. Resulta interesante que San la Muerte de Argentina sobreviviera a la persecución de la Iglesia, y que actualmente goce de gran popularidad en ese país, en tanto que el Justo Juez mexicano haya sido eclipsado por su contraparte femenina, la Santa Muerte.

En respuesta a la persecución de la Iglesia, los devotos de la Flaquita volvieron aún más clandestina su veneración, al grado de desaparecer de los testimonios históricos mexicanos durante el siguiente siglo y medio. Los mexicanos declararon su independencia de España, perdieron una guerra contra los Estados Unidos y pelearon en su primera gran revolución del siglo xx. No cabe duda de que la Dama Poderosa acompañaba a sus discípulos y era testigo de estos y muchos otros acontecimientos, pero los observadores mexicanos y extranjeros no dejaron constancia de su presencia hasta la década de 1940. La Santa Muerte que reaparece en los testimonios históricos en el curso de los siguientes cincuenta años, esto es, hasta finales del siglo xx, es casi exclusivamente la Dama Poderosa del amor, simbolizada por la vela votiva roja.

MUERTE A ÉL

En las investigaciones que realizaron cuatro antropólogos –uno mexicano y tres estadounidenses– de la década de 1940 a la de 1950, se menciona la función de la Santa como hechicera del amor. Aparte de Frances Toor y de Oscar Lewis –de quienes se habló en la introducción–, Gonzalo Aguirre Beltrán, que escribió a finales de los cuarenta, menciona plegarias relativas al amor, dirigidas a la Santa Muerte en una comunidad de origen predominantemente africano del estado de Guerrero, en la costa del Pacífico mexicano. Además de las referencias de Isabel Kelly y de Oscar Lewis sobre el papel de la Santa en los hechizos de amor, las investigaciones de Aguirre Beltrán muestran claramente que para fines de la década de 1950 el alcance geográfico de la Niña Bonita ya era amplio, si no es que plenamente nacional. Toor y Lewis redescubrieron a la santa de la muerte en la ciudad de México, Aguirre la encontró en la costa meridional del Pacífico y Kelly halló sus oraciones amatorias al norte de la parte central de México.

En las investigaciones llevadas a cabo en las décadas de 1960 y 1970, se descubrió la devoción hacia esta santa en muchas partes del país, como en los alrededores de la población de Catemaco, un renombrado centro de brujería y hechicería situado en la región montañosa de Veracruz,[6] e incluso en el estado más meridional de Chiapas, donde impera el Rey Pascual.[7] En su libro *Mitos y magos mexicanos*, María de la Luz Bernal demuestra ser una de las primeras en documentar la existencia de la devoción organizada a la Pelona. Con base en una investigación realizada en la década de 1970, escribe acerca de grupos de mujeres vestidas de negro que se arrodillaban ante un altar de la santa esquelética con veladoras encendidas sostenidas en sus manos y que cantaban al unísono oraciones para lograr la dominación de los hombres relacionados con sus vidas. Con clamores de «Santísima Muerte, tortúralo, mortifícalo», las devotas trataban de conseguir la ayuda sobrenatural de la Dama Poderosa para poder imponer su control en los maridos y novios descarriados.[8]

LA MUERTE EN CAUTIVERIO

Mientras las mujeres vestidas de negro hacían peticiones a la Hermana Blanca, devotos del estado de Hidalgo iniciaban lo que, con toda probabilidad, es la devoción continua más antigua a la Santa Muerte en una misma área. Al igual que los santos esqueléticos con características sincréticas, como el Justo Juez, el Rey Pascual y el argentino San la Muerte, la Santa Muerte del pueblo de Tepatepec es una fusión de la muerte con la imagen de San Bernardo Clairvaux, el hombre santo francés del medievo a quien se asociaba con la figura esquelética de la muerte en las creencias populares de los católicos locales. Una de las representaciones más antiguas y singulares de la Santa Muerte es una estatua de madera que actualmente se venera en el espacio sagrado de la familia Cruz, cuya altura aproximada es de 1.5 m, y a la que en general visten como reina con un manto de satén, corona y cetro en la mano izquierda. A diferencia de la mayor parte de las imágenes de la santa esquelética, esta no aparece de pie sino sentada en una silla de madera. La cara de este ídolo de madera, de aspecto momificado, resulta particularmente impresionante. No se trata de la típica calavera sin piel de la Huesuda, sino de un rostro carnoso con una boca alargada que parece estar cosida para mantenerla cerrada.

Al parecer, la familia Cruz tuvo en su posesión la imagen –con una antigüedad de doscientos años– durante varias generaciones, al menos desde finales del siglo XIX. La matriarca octogenaria de la familia afirmó que sus bisabuelos prestaban la imagen para las procesiones de Semana Santa, en las que se paseaba sentada en una carreta junto a las figuras del Cristo del Santo Sepulcro y de la virgen María. Los devotos, que creían que era la imagen de San Bernardo, también paseaban la estatua por el pueblo el 20 de agosto, día en que se celebra al santo francés. Aunque los devotos ya no conducen la estatua por el pueblo en Semana Santa, aún celebran la misma fiesta del mes de agosto. De hecho, en 2009 doña Queta me invitó a unirme a la caravana que viaja desde la ciudad de México para conmemorar esta fecha tan importante. Lejos de las miradas públicas, la santa esquelética pasa la mayor parte del tiempo en el altar de la familia, donde los Cruz y algunos vecinos la veneran.

En un raro giro de los acontecimientos, en alguna fecha de la década de 1950 un sacerdote del pueblo entró violentamente a la casa de los Cruz y secuestró la efigie esquelética. Alegaba que los devotos rezaban a la estatua con propósitos malignos, como el asesinato, y se llevó la estatua a su parroquia, la principal de Tepatepec, donde la colocó a la vista del público, a un lado de la capilla y cerca de una imagen de la virgen de Guadalupe. De acuerdo con la vieja matriarca, el sacerdote había conseguido la ayuda de su propio sobrino, quien casualmente también era pariente del esposo de doña Cruz. Al parecer, ambos esperaban sacar provecho de las donaciones que, pensaban, les acarrearía San Bernardo. Durante más de cuarenta años, doña Cruz y el resto de su familia se vieron obligados a venerar a su santa confiscada en su lugar de cautiverio. La santa esquelética no vaciló en mostrar el disgusto de su situación. Al recordar sus visitas a la estatua de la Santa Muerte en la iglesia del pueblo, la matriarca de los Cruz dijo: «me lo quedaba mirando fijamente, con su cara, la imagen no me miraba así, me veía de lado, estaba enojado conmigo, porque lo dejé ir...».[9]

Para la familia Cruz, el retorno, en el año 2000, de su santa secuestrada, fue nada menos que un milagro. Doña Cruz afirmó enfáticamente que «la imagen se regresó solita a su casa».[10] Sin que los Cruz lo hubieran buscado, apareció inesperadamente un abogado en su casa y ofreció trabajar en una base pro bono, esto es, sin cobrar si no se resolvía el caso, para conseguir la devolución de la Santa tan querida por la familia. En una reunión sostenida aquel año con el arzobispo del estado de Hidalgo, doña Cruz le prometió que no celebraría misas u otros oficios de culto para la Santa Muerte en su casa. El clérigo de alto rango aceptó los términos de la liberación de la Santa, de modo que tras más de tres décadas de cautiverio, la santa de la muerte regresó a su altar familiar en la casa de los Cruz. Durante los últimos 12 años, la capilla de la familia Cruz se ha convertido en uno de los sitios sagrados más populares de la Santa Muerte en México y en los Estados Unidos, solo después del de doña Queta en Tepito. Cada año, a mediados de agosto, miles de mexicanos, e incluso algunos extranjeros, hacen la peregrinación a Hidalgo con el fin de pedir las bendiciones de una de las imágenes más antiguas que existen de la Dama Poderosa.

EL ESTRELLATO DE LA MUERTE

Como reflejo del constante aumento de su popularidad, la Santa Muerte pasó de ser la estrella de dramas representados en pequeñas poblaciones a hacer su debut cinematográfico en 1976, con *El miedo no anda en burro*, una película de horror y afectada comicidad en la que actúa uno de los personajes más queridos del cine mexicano, la India María, interpretada por la prolífica actriz María Elena Velasco. En una escena de la película, mientras un viejo en silla de ruedas toca una lúgubre y tenebrosa melodía en un órgano, la India María observa la imagen de la Santa Muerte sobre el teclado y entona una canción macabra que evoca el papel de la Sombría Segadora al venir por los hombres y llevarlos a sus lugares de descanso final. En un intento de asustar al viejo, canta: «La muerte te llega cuando tú menos la esperas… Te agarra la muerte, ta fea la pelona. Jálale pa allá, jálale pa acá, al difunto así lo trae». Resulta interesante que este sea uno de los pocos ejemplos asentados durante el período en cuestión en que la santa de la muerte no desempeña el papel de doctora corazón. En este caso se trata de la escalofriante Sombría Segadora que ayuda a la India María a asustar al viejo organista, provocándole visiones sobre su propia muerte.

La Santa Muerte macabra de las veladoras negras es precisamente la que ha sobresalido durante la última década para hacer sombra a la doctora corazón de la veladora roja en todo tipo de coberturas de los medios. Como en el capítulo 3 se examina en profundidad el lado oscuro de la Santa; por ahora baste decir que la asociación de la Madrina con el bajo mundo de la delincuencia, en particular con los traficantes de drogas y los secuestradores, comenzó a llamar cierta atención a finales de la década de 1980. Durante los últimos años, dicho vínculo se ha mostrado en la televisión, la radio y los periódicos, así como en películas y novelas de México y, en menor grado, de los Estados Unidos. Sin embargo, para evitar que la veladora negra de los narcos, los pistoleros y de muchos policías mexicanos eclipse a la de color café, relativa al discernimiento y el descubrimiento, continuaremos el examen del desarrollo histórico de la Santa Muerte.

Desde la primera cita que hace referencia a la Santa Muerte en los documentos históricos que van del año 1797 hasta 2002, la Santa se había venerado de manera clandestina. Los altares se encontraban en casas privadas, lejos de la vista del público, y los medallones y escapularios de la santa esquelética se llevaban escondidos debajo de las camisas de los devotos, a diferencia de lo que sucede hoy en día, cuando muchas personas los muestran con orgullo, además de las camisetas, los tatuajes e incluso los tenis que se llevan como señales de su fe. Dada la historia de persecución por parte de la Iglesia y también por las implicaciones poco ortodoxas, si no es que satánicas, de la devoción a la imagen de la muerte, los adherentes de la Niña Blanca en gran medida mantuvieron oculta su relación con la Santa, o solo la daban a conocer en pequeños círculos de parientes y amigos. Durante más de dos siglos, la devoción a la Santa Muerte constituyó un asunto clandestino, tanto en términos de la veneración a un ser sobrenatural semisecreto, como de su encubrimiento ante el público general. El largo período de una devoción furtiva finalmente terminó cuando una modesta vendedora de quesadillas decidió sacar a su santa esquelética del clóset y con orgullo mostró su creencia a la gente de su barrio, Tepito.

EL ESQUELETO DE LA MUERTE SALE DEL CLÓSET

Más que ningún otro líder de la devoción, Enriqueta Romero ha desempeñado un papel estelar en el paso de una práctica oculta a un culto muy público de la veneración de la santa de la muerte. Sentada en un incómodo taburete de plástico en la banqueta frente a su casa, que es también altar y tienda, a principios de julio de 2009 doña Queta y yo hablamos acerca de su papel pionero en la devoción de la santa huesuda. Con delantal de cuadros azules y blancos, marca personal de las mujeres trabajadoras mexicanas, la dura madre de siete hijos, a sus más de 60 años de edad explicó que es devota de la Niña Blanca desde principios de la década de 1960. Su tía tenía un altar de la Santa Muerte en la sala, y la Enriqueta adolescente se sintió llamada a su culto. Recuerdo que en ese momento me sentí algo escéptico ante la afirmación de que hubiera sido devota desde cinco décadas atrás. En esa etapa de mi investigación, había encontrado en internet aseveraciones similares sin sustento alguno, pero aún me faltaban los testimonios sobre la existencia de la devoción a la Santa desde el período colonial.

A pesar de mi escepticismo, la historia de la metamorfosis del culto a la Santa Muerte comienza en una prisión de la ciudad de México, donde uno de los hijos de doña Queta, Marcos, estaba encarcelado por un delito que ella no quiso identificar. Al igual que miles de otros convictos de las penitenciarías mexicanas y estadounidenses, Marcos puso un precario altar en su celda ante el que rezaba a su defensora sobrenatural, la Dama Poderosa, para que lo liberaran pronto de la prisión. En 2001 sus plegarias fueron escuchadas y pudo regresar a su casa de Tepito, el barrio de mala fama que tienta a sus residentes con el atractivo del dinero fácil. Seguro de que la Santa Muerte verde, de la justicia y de los problemas legales, había respondido a sus oraciones, el joven exconvicto expresó su gratitud regalándole a su madre, que había intercedido por su hijo ante la Niña Bonita y lo había visitado regularmente en la cárcel, una estatua de tamaño natural de su santa guardiana.

Elevada entre las figurillas y estatuillas de la Santa Muerte que la acompañaban en su nuevo hogar, la imponente imagen obligó a doña Queta a dejar la puerta abierta, de modo que tuviera más espacio en las estrechas habitaciones desde las que vendía quesadillas a sus vecinos. La puerta abierta permitió que los clientes y peatones tuvieran una buena vista de la Huesuda que se encontraba de pie detrás de doña Queta mientras esta volteaba las tortillas rellenas de queso sobre el comal. Después de unos días de que hubiera llegado la Hermana Blanca al hogar de doña Queta a principios de septiembre, algunos de sus clientes y vecinos empezaron a preguntar si podían venerar a la santa esquelética. La madrina del culto, que actualmente goza de gran renombre, aceptó, y antes de que se diera cuenta toda su pequeña cocina, que también funcionaba como altar, estaba llena de flores y veladoras encendidas. Una noche el humo de las veladoras dentro de la casa era tan denso que estuvo a punto de asfixiar a la familia Romero.

Fue entonces cuando doña Queta y su esposo, Ray, decidieron crear un espacio sagrado dedicado únicamente a su nueva santa, que se había vuelto tan popular. Al haber perdido una hija pequeña a manos de la

Sombría Segadora, Ray pensó que el primero de noviembre, Día de Todos los Santos (en que se conmemora a todos los niños muertos), sería la fecha perfecta para inaugurar el nuevo altar. Así, a medianoche del primer día de noviembre de 2001, cuando el Todos Santos se convertía en Día de Muertos, la primera pareja del culto colocó cuidadosamente la estatua de tamaño natural en el nuevo y regio altar. Un pequeño grupo de parientes, amigos y devotos estuvo allí para presenciar la histórica ocasión en que la Niña Blanca dejó la clandestinidad. Durante los últimos 12 años, con el fin de acercarse lo más posible a la famosa estatua, cientos de miles de devotos han colocado sus manos en el vidrio que cubre el altar y que está sujeto al muro frontal de la casa de los Romero. Lo último que hace la hábil madrina del culto, antes de retirarse cada noche a sus habitaciones, es limpiar el vidrio, que se encuentra cubierto de huellas digitales de cientos de manos piadosas.

Templo de Muerte. Iglesia de la Santa Muerte de David Romo en la colonia Morelos de la ciudad de México

El papel paradójico de la santa de la muerte como salvadora sobrenatural y protectora de la vida humana adquiere gran importancia entre los pioneros del primer altar público. En el revelador documental de la cineasta mexicana Eva Aridjis sobre la Santa Muerte, Omar, otro de los hijos de los Romero, explica que el mayor favor que le ha hecho la santa esquelética ha sido salvarlo de morir al menos en tres ocasiones. Con aspecto de un clásico pandillero de Tepito, pelo rapado y lentes de imitación de marca de prestigio, de brazos musculosos con tatuajes que salen de una camiseta blanca con el letrero GOLPEADOR DE MUJERES, este miembro de la familia Romero de más de 20 años de edad cuenta a Aridjis una de sus experiencias cercanas a la muerte. «La policía me pegó… y me estaba muriendo. En realidad mi mamá ya iba a llevar al padre. Se me estaba metiendo el líquido al cerebro. Tenía cuarteado el cráneo. Y ahí es cuando de veras, sí. Ahí sí le pido a ella… Porque a ella no le puedo estar pidiendo… Bueno, yo no le puedo estar pidiendo a cada rato».

Emocionada, su madre continúa explicando de qué manera la Dama Poderosa la protegió de los delincuentes de Tepito cuando iba a visitar a su hijo que se encontraba herido en forma crítica en una clínica cercana.

> Entonces nosotros tuvimos que salir caminando. Y cuando dimos la vuelta para ir a ver a mi hijo… nos salió un carro. Pero sí, iba con muchos muchachitos ahí. Nosotros sentimos así como que… huy, nos iban a asaltar. Íbamos puras mujeres y ya era en la madrugada. Y pues a la hora en que nos atravesamos en frente… pues dijimos: «Ya pasó algo aquí». Pero qué crees que ellos se bajaron del carro y nos buscaban. Y es una cuadra chica… Y no nos vieron. No nos vieron porque estábamos paradas ahí. Y ellos nos buscaron y nos buscaron, pero lo que hicieron es subirse e irse. Eso sí, de veras que bendita sea ella. Porque ella nos cubrió con su santo manto para que no nos vieran.[11]

Pero no solo la veladora negra de la protección ha actuado para la madrina del culto y su familia, también lo ha hecho la dorada de la prosperidad. La pequeña habitación que antes servía de cocina y altar, ahora es una tienda de la que se encarga Ray, quien hace un buen negocio con una amplia gama de objetos de la Santa Muerte, sobre todo con las veladoras que muchísimos devotos ofrecen todos los días a la Dama Poderosa que se encuentra detrás del vidrio. Las pocas veces que entré a ver la mercancía me costaba trabajo caminar entre las estanterías repletas de botes de aerosol, pociones e incienso, mientras los devotos trataban de encontrar el producto que deseaban. Entre las ganancias de la tienda y las generosas donaciones que hacen los creyentes en el altar, la santa esquelética ha bendecido a su preeminente devota con una fuente de ingresos mucho mejor de la que tenía como vendedora de quesadillas. Pero la prosperidad que la Santa le ha conferido a su hija favorecida no solo es financiera. Como dueña del altar más renombrado de la Santa Muerte en el mundo, doña Queta, que se ha vuelto una leyenda por derecho propio, menciona con orgullo a los prominentes mexicanos y extranjeros que han visitado su altar casero de Tepito.

En lo que se refiere al padrino del culto, David Romo, lo único que tiene en común con doña Queta es su férrea devoción a su sagrada matrona, la Santa Muerte. En tanto que doña Queta preside un centro de culto más bien informal y desorganizado, David Romo encabezaba su propia Iglesia, y aunque ahora lo hace desde la prisión, hasta antes de su reciente arresto y condena por secuestro se había convertido en el principal vocero y defensor del culto. En tanto que la antigua vendedora de quesadillas fue la pionera en volver pública a la Huesuda, el padre David (como lo llamaban cariñosamente los miembros de su Iglesia) estaba a la vanguardia en el intento de institucionalizar la devoción del Ángel de la Muerte. Ningún relato del meteórico crecimiento del culto estaría completo sin tomar en cuenta el papel central que ha desempeñado este combativo clérigo.

EL TEMPLO DE LA MUERTE

Aunque el templo del padre David, la Santa Iglesia Católica Apostólica Tradicional, México-Estados Unidos, se encuentra solo a unos cuantos kilómetros del célebre altar de doña Queta, constituye un mundo aparte. Durante una entrevista de dos horas que tuvo lugar en la oficina de su Iglesia en julio de 2009, el «arzobispo» del culto habló con gran detalle sobre la fundación y el crecimiento de su Iglesia y la persecución que esta ha sufrido por parte de la Iglesia católica y el Estado, así como de la base teológica de la creencia en la Santa Muerte. En un país donde en ocasiones la gente recibe con desconfianza a los investigadores gringos, en especial a aquellos con más estudios, el carismático líder de la Iglesia se mostró sincero durante la entrevista, que abarcó una amplia gama de aspectos. A pesar de haber sufrido dos ataques al corazón recientemente, los cuales estuvieron a punto de ponerlo en los brazos de su Ángel de la Muerte, el aguerrido padre fumó un cigarro tras otro durante el tiempo que pasamos juntos.

La infancia itinerante de Romo, que incluyó varios años en Los Ángeles, lo expuso a diversas creencias religiosas. En dicha ciudad hizo amistad con testigos de Jehová y llegó a admirar su entereza frente a la persecución, así como su incomparable celo misionero. Después regresó a México, donde su familia pertenecía a «grupos católicos tradicionales» que habían abandonado la Iglesia católica romana, pues se oponían a las grandes reformas del Concilio Vaticano Segundo (1962-1965). En la década de 1980, el padre David llegó a ser director de una de estas comunidades en la ciudad industrial de León. Como director general de los Misioneros del Sagrado Corazón y San Felipe de Jesús, fundó un orfanatorio para niños de padres muertos de SIDA. Con su campaña para obtener fondos para el orfanatorio llevada a cabo en 1993, consiguió dinero de la Iglesia Anglicana de México. Sin embargo, los anglicanos interrumpieron abruptamente la donación de fondos y las relaciones con Romo después de que dos huérfanos se ahogaran en un lago durante una excursión. Tras la tragedia, incapaz de obtener fondos de otras fuentes, el padre David cerró su hogar de niños en 1994 y colocó a los huérfanos en diversas instituciones.

Sin desalentarse ante este revés, ese mismo año fundó la Iglesia con un grupo de católicos tradicionalistas procedentes de los Misioneros del Sagrado Corazón. Reflejando sus puntos de vista tradicionales, Romo la denominó Iglesia Católica Tridentina México-Estados Unidos. En el tiempo de su creación, a mediados de la década de 1990, el «arzobispo» Romo no era devoto de la Santa Muerte, pero la participación de algunos discípulos de la Dama Poderosa en las actividades de la Iglesia atrajo su interés hacia esta devoción. El aumento constante de los devotos de la Santa, que asistían a los oficios de la Iglesia a lo largo de toda esa década, llevó al padre David a estudiar a la santa esquelética a fin de determinar si la teología cristiana permitía su culto. Mientras examinaba la cuestión en el año 2000, Romo solicitó el registro de la Iglesia con su nombre original, como una asociación religiosa legalmente reconocida. Tres años después, la administración del presidente Vicente Fox le otorgó el reconocimiento. El grupo variopinto de católicos tradicionalistas y devotos de la Santa Muerte ya era legal, y podía ejercer todos los derechos y privilegios de un grupo religioso reconocido de manera oficial. Cuando, en 2003, esta iglesia recibió su reconocimiento oficial, el padre David ya había concluido sus estudios sobre la validez teológica de la devoción al Ángel de la Muerte.

En la memorable fecha del 15 de agosto, el día de la celebración de la Asunción de la Virgen, el «arzobispo» Romo y miles de devotos celebraron la incorporación de la Huesuda a las creencias y prácticas de su Iglesia. En el capítulo 2 se examina la fascinante asociación entre las dos grandes santas femeninas de México, la Santa Muerte y la virgen de Guadalupe. Sin embargo, ahora nos interesa establecer que la vinculación tan pública que el padre David hizo de las dos magnas figuras del ámbito religioso mexicano (y parte del estadounidense) muy probablemente haya influido en la decisión del Gobierno de Fox de revocar, en 2005, el reconocimiento oficial de esta Iglesia. El catalizador inmediato fue una denuncia oficial que, en 2004, presentó uno de los sacerdotes descontentos del propio Romo, el cual acusó a la Iglesia de violar sus propias ordenanzas al integrar a la Santa Muerte en su santoral. El padre David sostiene que no se mencionó a la Santa Muerte en la petición de registro original debido a que en el momento en que se hizo la solicitud, la devoción hacia dicha santa estaba en estudio y todavía no se aceptaba. No obstante, la ley mexicana no establece la imposición de sanciones ni mucho menos la revocación del estatus legal a los grupos que cambien o modifiquen sus creencias o rituales.[12]

AMENAZAS DE MUERTE

El enfadado padrino del culto acusa a la Iglesia católica de ser la instigadora de la revocación del reconocimiento oficial de su Iglesia. En una conferencia de prensa ofrecida en septiembre de 2004, el presidente de la Conferencia Episcopal Mexicana, José Guadalupe Martín Rábago, denunció la devoción a la Santa Muerte como satánica y se quejó de que la política del Gobierno era demasiado liberal al otorgar estatus legal a grupos religiosos como este. En su propia diócesis de León, Guanajuato, el obispo Martín Rábago explicó sus puntos de vista a la prensa mexicana.

> Estamos percibiendo cómo se está dando con facilidad excesiva el registro de asociaciones religiosas a grupos que tal vez no sean precisamente para hacer el bien a la sociedad mexicana. Existen grupos de prácticas satánicas, se dan ciertamente grupos que practican el satanismo y que desquician psicológicamente a los jóvenes, de esto yo tengo experiencia porque me han llegado padres de familia, incluso muchachos, que han estado bajo los influjos de estas sectas y viven desconcertados y desorientados psicológicamente y el daño que se les hace es muy fuerte.[13]

En respuesta a la condena del obispo Martín Rábago, el padre Romo demandó por difamación al poderoso prelado católico, y posteriormente declaró que había recibido fuertes presiones, incluso amenazas de muerte, para que retirara su demanda. El implacable Romo se negó a retirarla, pero la demanda fue rechazada en forma sumaria por la Procuraduría General de la República.

Al conocerse la noticia sobre la probable revocación del estatus legal de la Iglesia, a finales de marzo de 2005 el arzobispo Romo se apresuró a organizar una protesta de fieles. Al grito de «Se ve, se siente, la Santa está presente», alrededor de quinientos devotos enardecidos siguieron al padre David en una animada marcha de protesta por el centro de la ciudad de México, que culminó en la estatua emblemática de la soberanía nacional mexicana, el Ángel de la Independencia. La mayor parte de los devotos marcharon con estatuillas de la Dama Poderosa, y algunos incluso cargaron figuras de tamaño natural. El padrino del culto no vaciló en dar a conocer su animadversión hacia la administración de Fox: «No permitiremos que se pisoteen nuestros derechos como ciudadanos. Este es un Gobierno sin escrúpulos. Actúa como si todavía estuviéramos en la época de la Inquisición».[14]

Tras habérsele negado el derecho a poseer una propiedad y recaudar fondos para su Iglesia, el «arzobispo» Romo siguió adelante después de haber enfrentado el golpe legal. En una conferencia de prensa celebrada la víspera de las elecciones legislativas intermedias, que tendrían lugar en julio de 2009, Romo exhortó a los devotos de la Santa Muerte a votar en contra del Partido Acción Nacional (PAN) del entonces presidente Felipe Calderón y del expresidente Fox, que se caracteriza por su conservadurismo y su defensa de la Iglesia: «Por amor a la Santa Muerte, este domingo acude a votar y dale la oportunidad a los políticos que quieren servir al pueblo de hacerlo y demostrarlo con hechos». Además pidió a los fieles que no votaran por «los políticos que abiertamente se declaren católicos romanos y que les guste salir en procesiones y asistir a misa».[15] Días después de las elecciones, en una entrevista que me concedió, el padrino del culto confesó que estaba entusiasmado con la derrota aplastante del PAN a manos del Partido Revolucionario Institucional (PRI), que gobernó al país de forma autoritaria durante la mayor parte del siglo XX, pero que no era tan cercano a la Iglesia como el PAN.

Siguiendo los mismos pasos que su antecesor Vicente Fox, el presidente Calderón incrementó la ofensiva contra la santa esquelética. En marzo de 2009, su administración, como parte de la guerra contra los traficantes de drogas, envió al Ejército a Nuevo Laredo, Tijuana y otros lugares de la frontera a destruir docenas de altares de la Flaquita situados al lado de las carreteras. Una vez más, el arzobispo Romo tomó la delantera en la protesta contra la ofensiva del Gobierno para atacar el culto en expansión. En una manifestación que tuvo lugar el Viernes Santo en la enorme plaza del Zócalo, frente a la Catedral metropolitana, el padre Romo dijo a los devotos que se encontraban involucrados en una «guerra santa» contra la Iglesia católica, a la que acusó de estar detrás de la demolición de los altares de la Santa Muerte en la frontera. De pie entre pancartas que declaraban NO SOY NARCO Y NO SOY MALO, Romo dijo: «No podemos permanecer pasivos ante esta acción arbitraria. Reunimos aquí a los fieles para empezar una guerra santa en defensa de nuestra fe. La frase suena dura, pero ya hemos tomado ciertas medidas. Ya hemos presentado una demanda en la Comisión Interamericana de Derechos Humanos y en Amnistía Internacional». El apasionado padre negó que el culto fuera la religión de los narcotraficantes, y exclamó que muchos narcos en realidad eran guadalupanos, devotos de la santa patrona de México.[16] Así, el carismático sumo sacerdote del culto a la Santa Muerte ha contribuido en forma invaluable al desarrollo de la fe. Con la incorporación de la Huesuda a la doctrina y el culto de la Iglesia en 2003, el padre David fundó el primer templo formal de esta devoción. Sin embargo, por lo que he observado, sus dotes pastorales pueden no haber sido su lado fuerte. Localizada en la violenta colonia Morelos, la iglesia, que ahora dirige su esposa, no parece tener el mismo poder de convocatoria que el altar de doña Queta, o que otros recintos sagrados de la ciudad. Como ya se mencionó, el cambio de imagen que le practicó a la Santa, que de esqueleto pasó a ser el impresionante Ángel de la Muerte «de carne y hueso», no ha logrado levantar el vuelo, ni siquiera en su propio santuario, donde se ve superado por las imágenes de la Sombría Segadora. No cabe duda de que conforme el culto siga creciendo, se consagrarán más templos. Sin embargo, lo que no queda claro es si Romo, quien cumple una sentencia surrealista de 66 años de prisión, a la que se suma el pago de una multa de 2 666 días de salario mínimo,[17] será aún el principal artífice del futuro crecimiento de su Iglesia.

Pero más importante que su función como líder pastoral local es ser portavoz nacional de la fe. Sus constantes batallas contra la Iglesia y el Estado mantuvieron a la santa de la muerte y a sus devotos en los encabezados de la prensa mexicana. Los reporteros que investigaban la importancia nacional del culto recurrían a David Romo, no a Enriqueta Romero, quien se abstiene de opinar públicamente sobre la política nacional. De hecho, durante el mismo mes en que Romo hacía un llamado a la *jihad* contra la Iglesia católica, la prensa mexicana informaba que el padre estaba considerando la oferta de una candidatura en el izquierdista Partido Social Demócrata, mismo que perdió su reconocimiento legal tras las elecciones intermedias de 2009, en las que sus candidatos solo obtuvieron 1% del voto popular. Durante la administración de Calderón, en la que se señaló a la Santa Muerte como santa patrona de los narcos en su interminable guerra contra el tráfico de drogas, el padrino del culto tuvo gran oportunidad de mantener a su Ángel de la Muerte en las noticias.

LA MUERTE CERCA DEL HOGAR

La Santa Muerte y sus seguidores han aparecido en los titulares de la prensa estadounidense durante los últimos dos años, lo que constituye una evidencia del sorprendente crecimiento del culto en el país. Cuando empecé a centrarme en el aumento de la presencia de la Santa en los Estados Unidos, di por hecho que tenía que dirigirme a la frontera o a ciudades como Los Ángeles y Houston para encontrar a la Hermana Blanca venerada por sus seguidores mexicanos y centroamericanos. Desde mi casa en Virginia central, me imaginé que lo más cerca en donde podría encontrar a la santa esquelética sería el área de Washington, D.C., a unos 145 km al norte. Y efectivamente, en uno de mis recientes viajes a la ciudad capital de los Estados Unidos, la encontré con bastante facilidad, en el barrio vanguardista de Adams Morgan.

En la Calle 18, caracterizada por su animación, se encuentra la Botánica Yemayá y Changó, junto con un restaurante etíope, uno peruano y hasta uno oaxaqueño. Esta tienda tiene una amplia selección de objetos de la Santa Muerte, entre ellos una estatua de algo más de 50 cm de altura, cubierta con una capa formada con retazos de billetes de 100 dólares en miniatura. La vieja mujer panameña, a quien al entrar en la tienda confundí con estatua de santería tamaño natural, me dijo que en los últimos tres o cuatro años la Flaquita ha ido ocupando cada vez más espacios de los anaqueles, a expensas de Yemayá, de Changó y de otros *orishas* (espíritus) de la religión cubana. Los jóvenes *hipsters* que comen y beben en Adams Morgan ocasionalmente se detienen en la tienda para examinar los productos religiosos exóticos; pero los latinos que residen en el barrio, en especial los salvadoreños, son los que compran la Santa Muerte cubierta con billetes de 100 dólares y otros artículos a los que les ruegan que les brinden salud, riqueza y amor.

Haber descubierto con facilidad a la Dama Poderosa en Washington me hizo reflexionar sobre mi escepticismo de encontrar a esta santa en la antigua capital de la Confederación. Tal vez había bastantes inmigrantes salvadoreños y mexicanos en Richmond como para que pudiera encontrar al menos unas veladoras en venta en alguna tienda latina de comestibles. Entre más pensaba en la posibilidad de encontrar a la Santa en este lugar, más me emocionaba porque el descubrimiento de esta santa en Virginia central, donde la población latina constituye menos de 5%, sería realmente importante. Significaría que la Niña Bonita había traspasado los barrios de las grandes ciudades y de la zona fronteriza y había llegado al corazón de los Estados Unidos. Y efectivamente, las dos tiendas latinas de comestibles, situadas en la misma manzana que mi restaurante vietnamita favorito, en el extremo oeste de Richmond, vendían veladoras, e incluso había figurillas de la Santa en un mercado administrado por un salvadoreño. Sin embargo, me resultó aún más impresionante el descubrimiento de que la santa esquelética tenía un altar semipúblico en esta nueva ciudad donde vivía. Lupe, madre de uno de los alumnos de tercer grado de mi esposa y devota reciente de la Santa Muerte, me dijo que fuera a la Botica El Ángel, donde ella conseguía todos los objetos del culto.

Con un llamativo medallón dorado de la Santa Muerte en el pecho, Cristina, la activa propietaria de la tienda esotérica de productos religiosos, situada en la paupérrima parte sur de la ciudad, me mostró toda la tienda de la Botica El Ángel. Esta inmigrante salvadoreña nunca había oído acerca de la santa de la muerte en su país, y se convirtió en su creyente en 2005, al empezar a vender las mercancías de la Santa Muerte en su tienda abierta recientemente. Mientras me buscaba un libro sobre la Santa Muerte en inglés, que yo no había pedido, afirmó con entusiasmo que los objetos de la Sombría Segadora representaban aproximadamente 40% del total de ventas. Las veladoras, el incienso y las figurillas de la Santa Muerte se vendían más que los objetos pertenecientes al catolicismo y a la santería en su bien surtida tienda. Tras una larga búsqueda, Cristina me mostró un manual bilingüe de la devoción, por cierto muy caro, que tenía para su clientela jamaiquina y afroamericana. Esta fue la primera referencia sobre devotos no latinos que encontré. Me preguntaba cuántos creyentes en la Niña Blanca de habla inglesa habrían dejado dólares en las huesudas manos de la estatua de una altura de 1.20 metros, situada al centro del altar de la parte posterior de la tienda. Rechacé amablemente el folleto en español e inglés de 22 dólares, y en cambio opté por una veladora roja bilingüe. Al haber sido campeón en los certámenes de ortografía durante mi educación media, me llamó la atención la falta de ortografía registrada en la base de la veladora, exactamente debajo de los huesudos pies de la Santa Muerte. Hecha en North Hollywood, California, por la General Wax Company, mi veladora y todas las veladoras bilingües de la estantería decían: HOLLY DEATH en vez de «Holy Death»[17].

NOTAS

[1] Katia Perdigón Castañeda, *La Santa Muerte. Protectora de los hombres*, México, INAH, 2008, p. 21.

[2] Lawrence H. Feldman, *The War against Epidemics in Colonial Guatemala, 1519-1821*, Raleigh, NC, Boson Books, 1999, pp. 23-26.

[3] Katia Perdigón, *La Santa Muerte...*, p. 33.

[4] *Idem.* (En cursivas en el original).

[5] Frank Graziano, *Cultures of Devotion: Folk Saints of Spanish America*, Nueva York, Oxford University Press, 2007, p. 78.

[6] Marcela Olavarrieta Marenco, *Magia en los Tuxtlas, Veracruz*, México, Instituto Nacional Indigenista, 1977.

[7] Carlos Navarrete, *San Pascualito Rey y el culto a la muerte en Chiapas*, México, Instituto de Investigaciones Antropológicas–UNAM, 1982.

8   María de la Luz Bernal, *Mitos y magos mexicanos*, 2a. ed., México, Grupo Editorial Gaceta, 1982, p. 27.

9   Perdigón Castañeda, *La Santa Muerte...*, 127, n. 159.

10   *Ibidem*, p. 128.

11   Eva Aridjis (dir.), *La Santa Muerte*, Navarre, 2008.

12   Carlos Garma, «El culto a la Santa Muerte», *El Universal*, 11 de abril de 2009, en http://www.eluniversal.com.mx/editoriales/43629.html

13   «Registra Segob sectas satánicas», *Terra*, 10 de abril de 2007, en http://www.terra.com.mx/articulo.aspx?articulloid=14190&paginaid=1

14   Associated Press, «Mexico Weighs Recognition of Saint Death Sect», 17 de febrero de 2005, en http://www.religionnewsblog.com/10335/mexico-weighs-recognition-of-saint-death-sect

15   «Culto a Santa Muerte pide no votar por candidatos católicos», *La Mujer de Púrpura* (blog), 2 de julio de 2009, en http://www.lamujerdepurpura.com/2009/07/culto-santa-muerte-pide-no-votar-por.html

16   Marie-Theresa Hernández, «The Church of Santa Muerte Fights Back», *Dream Act-Texas* (blog), 30 de marzo de 2009, en http://www.dreamact-texas.blogspot.com/2009/03/church-of-santa-muerte-fights-back.html

17   Véase «Dan 66 años de cárcel a líder de la Iglesia de la Santa Muerte», *Proceso.com.mx*, 5 de septiembre de 2013, en http://www.proceso.com.mx/?p=310895

✦-✦-✦-✦-✦

CAPÍTULO 2

VELADORA BLANCA
CREENCIAS Y PRÁCTICAS

LA MUERTE PRÁCTICA

MI PRIMER ENCUENTRO CON LA FLAQUITA en los Estados Unidos tuvo lugar a principios de 2005 en el supermercado Fiesta, situado al sudoeste de Houston. Antes de dirigirme a la sección de frutas y verduras, decidí ver la selección de veladoras. Ignorando las órdenes del jefe local de bomberos en el sentido de que me deshiciera de los objetos inflamables de mi oficina en la Universidad de Houston, buscaba una nueva veladora de la virgen de Guadalupe para agregarla a la colección que tenía arriba de mi archivero. Mis esperanzas eran que su imagen en el vaso me ayudara a inspirarme en mi investigación sobre la Reina de México. Sin embargo, en un momento que, visto en retrospectiva, me parece muy significativo –aunque entonces se me escapaba su significado–, me fijé en la recién llegada a los estantes de las veladoras decoradas con santos, tanto oficiales como populares, y encantamientos mágicos como la veladora roja con el letrero VEN A MÍ.

La Santa Muerte, que ya se había cruzado en mi camino en la ciudad de México, había llegado al supermercado de mi colonia en la forma de una vela votiva blanca. Intrigado por la apariencia de la santa mexicana de la muerte que se encontraba tan cerca de mi casa, puse su veladora en mi carrito y me dirigí a la caja, olvidándome de la virgen de Guadalupe y de los tomatillos. La santa transgresiva pasó a formar parte de mi actitud desafiante ante el código contra incendios y ocupó un lugar sobre mi archivero junto al Niño Fidencio, su compañero santo mexicano de culto popular. Mi primera compra de los objetos de la Santa Muerte aún permanece junto al Niño Fidencio, un renombrado curandero de principios del siglo xx, en su nuevo hogar en mi oficina de la Virginia Commonwealth University. Aunque la veladora misma fue solamente el resultado de una casualidad de mi mudanza en el verano, tengo confianza en que la Hermana Blanca revele su esencia mediante el examen de las creencias y prácticas que la hacen actuar.

Por extraños y esotéricos que puedan parecer algunos credos y rituales de su culto, en esencia son muy utilitarios. En otras palabras, el propósito de tales credos y rituales es obligar a la Santa Muerte a actuar en beneficio de sus devotos. De modo más específico, los devotos participan en actos rituales concebidos para producir la intervención milagrosa de la Dama Poderosa. El milagro, o la manifestación palpable del prodigio sobrenatural, puede ser tan pequeño como la venta de unas cuantas quesadillas extra en un día por parte de una vendedora callejera, o tan grande como el buen arribo a Atlanta de un embarque de metanfetaminas de muchos millones de dólares, por ejemplo. A pesar de su apariencia esquelética, que sugiere muerte y letargo a los no iniciados, la Santa Muerte es una superheroína sobrenatural que cura, provee y castiga, entre otras cosas. Es el santo popular que trabaja más duro y el más productivo en ambos lados de la frontera.

Su transformación de un objeto de devoción oculta a protagonista de un culto público ha implicado un desarrollo concomitante en su identidad. Durante la mayor parte del siglo xx, en las notas de campo de los antropólogos y etnógrafos, aparece como la Santa Muerte roja de la magia del amor. En forma más específica, parecería especializarse en *amarrar* y poner a los hombres mujeriegos «postrados humildemente a los pies» de las esposas y novias mexicanas celosas. Pero con el surgimiento de la violencia relacionada con las drogas en la década de 1990, que hasta ahora no ha hecho más que empeorar, la Santa Muerte negra de los hechos oscuros se situó en el centro de la atención, al aparecer en los altares de narcos famosos. Y es esta Sombría Segadora amoral de la veladora negra la que aún atrae la atención de los medios en ambos lados de la frontera y domina la percepción pública que se tiene sobre ella. Sin embargo, aparte de los titulares sensacionalistas, es evidente que la identidad de la santa esquelética se ha vuelto cada vez más compleja. A pesar de que las veladoras rojas y negras representan facetas muy importantes de su imagen, y de que constituyen los temas de dos capítulos en este libro, solo son un par de colores de su actual identidad multicolor, la cual se representa mejor por la veladora de siete colores.

EL ADVERSARIO MORTAL

El impresionante crecimiento del culto a la Santa Muerte durante la última década se puede apreciar en los millones de nuevos devotos que no son amantes abandonados ni traficantes de narcóticos o estimulantes. La nueva grey de creyentes es un grupo heterogéneo con diversas aflicciones y aspiraciones, que buscan veladoras de todos colores, entre ellos el morado para la salud y el dorado para la prosperidad. Con el fin de satisfacer las diferentes necesidades de la diversidad de sus devotos, la Dama Poderosa ha abandonado su restringida especialización en asuntos de amor y pasión para desempeñar su nuevo papel de carácter general y omnipotente, cuyo campo de acción es probablemente mayor que el de cualquier otro rival espiritual, incluyendo a la virgen de Guadalupe y a Jesucristo. Al examinar su nueva identidad tan compleja en el ámbito religioso mexicano y estadounidense, nos concentraremos en la forma en que la conciben los devotos, aunque también se tomarán en cuenta los puntos de vista de los no creyentes.

Antes de que me sintiera atraído por estudiar a la Pelona, había pensado incluir un capítulo dedicado a ella en mi futuro libro sobre la virgen de Guadalupe. Sin haber hecho ninguna investigación seria sobre ella, tenía una noción vaga de la santa de la muerte como una especie de antivirgen especializada en los trabajos sucios que no eran adecuados para la inmaculada madre de Cristo y patrona de México. Tenía la idea de que para entender realmente la tesis (la virgen de Guadalupe) necesitaba examinar su antítesis (la Santa Muerte). Pero a pesar de que esta noción parecía muy atractiva entonces, se desvaneció frente a la evidencia empírica. En todo caso para muchos devotos, especialmente para las mujeres y las jóvenes, la Niña Bonita se relaciona más con una figura virginal que con una santa que bebe grandes cantidades de tequila, que fuma muchísimo y que realiza trabajos turbios. Se puede concluir que la Santa Muerte a la que veneran la mayoría de los creyentes no es la virgen moralmente pura, pero tampoco la mercenaria espiritual amoral que ejecuta toda clase de hechos demoníacos a cambio de un precio justo. Más bien es una personificación femenina de la muerte extraordinariamente poderosa, la más fuerte entre los santos populares mexicanos.

La Santa Muerte es una santa popular mexicana que personifica a la muerte. La comprensión de cada uno de los elementos clave que constituyen su identidad arrojará luz sobre la naturaleza de la atracción que ejerce entre millones de devotos. Con mucho, el aspecto que resulta más fascinante y singular de la identidad de la Niña Blanca es su encarnación de la muerte. Con excepción del impopular Ángel de la Muerte del padre Romo, a la Santa Muerte se la representa unánimemente como un esqueleto humano. En todo el mundo occidental se la reconocería inmediatamente como una versión femenina del Sombrío Segador que se originó en la Europa medieval. Dado que en la España católica ya existía una versión femenina del Sombrío Segador, la Parca, lo que parece resultar tan extraño a las sensibilidades occidentales modernas no es el género de la Santa Muerte o su figura esquelética, sino su papel como un ser de extraordinaria santidad, una santa que es venerada, si no es que adorada, por los devotos, lo que la distingue no solo de las conceptualizaciones seculares modernas sobre la muerte, sino también de la teología cristiana.

Salvo muy pocas excepciones, los occidentales han considerado al Sombrío Segador como una personificación macabra de la muerte, la cual debe evitarse a toda costa. En los Estados Unidos, tierra de la eterna juventud, la muerte no tiene papel alguno que desempeñar dentro del sueño americano, excepto el de aguafiestas. Sin lugar a dudas, los estadounidenses son tan mortales como cualquiera, pero en pocas culturas existe semejante intento cultural concertado para marginar y dar un carácter aséptico a la muerte. Los estadounidenses, más que morir, tienden a *retirarse* (*pass away*). En pocas palabras, al ser un símbolo macabro del fin de la vida, el Sombrío Segador esquelético es una figura que debe mantenerse en los clósets de los occidentales.

La corriente principal de la teología cristiana va incluso más allá al rechazar al Sombrío Segador. De hecho, el Vaticano recientemente expresó su opinión al respecto. Durante un viaje de cuatro días a México en mayo de 2013, el presidente del Consejo Pontificio de la Cultura, el cardenal Giancarlo Ravasi, condenó a la santa esquelética como «blasfema» e «infernal».[1] Tanto los católicos como los protestantes de ambos lados de la frontera han condenado a la Santa Muerte como satánica. En Tucson, el reverendo Juan Carlos Aguirre dijo a una feligresa inquisitiva que destruyera su estatuilla de la Huesuda porque la Iglesia católica la consideraba «idolatría satánica».[2] Al otro lado de la frontera, a unos cuantos kilómetros del histórico altar de doña Queta, el padre Sergio Román, sacerdote mexicano, explicó con detalle la naturaleza demoníaca del culto.

> Las Escrituras nos dicen en los Evangelios que el último enemigo que derrotará Jesús es la muerte, de modo que la muerte, como figura, es el enemigo de Cristo. En otras palabras, Cristo ha llegado a derrotar a la muerte, y lo ha hecho con la resurrección. Esta es la posición de la teología cristiana, no solo del catolicismo, sino del protestantismo y de todas las religiones cristianas. Y en este sentido, venerar o rendir culto a la muerte significa rendir culto al enemigo de Cristo. Y también en la Biblia, el adversario de Cristo, al que se considera su principal adversario, es Satanás. De este modo, la devoción a la muerte tiene un sentido satánico. En otras palabras, el que rinda culto a la muerte de alguna manera está rindiendo culto a Satanás.[3]

El cineasta evangélico Paco del Toro ofrece el mismo mensaje en su película de 2007, *La Santa Muerte*. La Santa Muerte de Del Toro es una impostora demoníaca que seduce a los afligidos con falsos milagros.

UNA MUERTE FAMILIAR

En agudo contraste, para la mayor parte de los devotos la Madrina no es macabra ni satánica. Antes bien, es una santa tan familiar para los mexicanos como lo es la muerte misma. Y su familiaridad se ve reflejada en sus epítetos más comunes: la Flaquita, la Hermana Blanca, la Madrina, la Comadre, la Niña Blanca y la Niña Bonita. Como madrina y hermana, la Santa se convierte en un miembro sobrenatural de la familia con el mismo tipo de intimidad que los mexicanos generalmente establecen con sus parientes. Desde luego que se ha escrito en abundancia sobre la singularidad del concepto de la muerte en la cultura mexicana. En su esclarecedor libro sobre el tema, *Death and the Idea of Mexico*, el antropólogo Claudio Lomnitz llega a sostener que la muerte es totémica de la nación misma; que, junto con la virgen de Guadalupe y el presidente Benito Juárez del siglo xix, la figura del «esqueleto juguetón» constituye uno de los tres grandes tótems de la mexicanidad.

Al haber vivido, trabajado, estudiado y viajado en México durante casi treinta años, puedo atestiguar personalmente acerca de la naturaleza íntima y familiar de la muerte en la cultura popular. Mucho antes del reciente surgimiento público de la Santa Muerte, proliferaban las imágenes personificadas de la muerte. La más popular, la Catrina (esqueleto de la alta sociedad), una mujer de clase alta representada como un esqueleto ataviado elegantemente a la moda de principios del siglo xx, es omnipresente en México. Creada en 1913 por el gran artista gráfico y caricaturista José Guadalupe Posada, la Catrina curiosamente ha llegado a no pocos altares de la Santa Muerte. Y no fue coincidencia que la madrina del culto mostrara públicamente su estatua de tamaño natural de la Huesuda el primero de noviembre, primero de los dos días dedicados a la muerte, en los cuales muchos mexicanos visitan los cementerios y, en una mezcla de festividad y solemnidad, están en contacto con sus seres queridos que ya han partido. En las calles se venden calaveras de azúcar con nombres comunes, como María y José, y en las casas se erigen altares en los que se coloca la comida y bebida favoritas del miembro muerto de la familia.

Dicha familiaridad con la muerte realmente me sorprendió en el espacio sagrado de doña Queta, donde a menudo niños en edad de asistir a la escuela elemental acompañaban a sus madres y hermanos. Con la obvia excepción del Halloween, me imagino que muchos niños estadounidenses retrocederían horrorizados al ver el macabro esqueleto con cabello negro azabache hasta la cintura. Incluso en Halloween, muchos niños estadounidenses no son inmunes al temor que les causan los espíritus macabros y los duendes. De hecho, mi padre estuvo a punto de perder la amistad de un viejo amigo una noche de Halloween a principios de la década de 1980, cuando él y yo aparecimos en la puerta de unos amigos de la familia, con máscaras de esqueletos y, sin proponérnoslo, le dimos un tremendo susto a su hija pequeña. Pero de vuelta a la casa de doña Queta, los niños que visitan la famosa estatua de la Sombría Segadora se muestran indiferentes al verla. Sin embargo, quizá me resultó más impresionante la escena en la tienda esotérica de Guillermo en Morelia, en donde los hijos pequeños del dueño jugaban a *los encantados* y también pateaban una pelota de futbol en medio de cientos de imágenes de esqueletos, entre ellos algunas llamativas estatuas hechas de piedra volcánica que, con su altura de casi dos metros, se elevaban sobre los niños.

MUERTE A LA MEXICANA

No solo la figura esquelética de la Huesuda la hace familiar a los devotos, también su nacionalidad. Las ofrendas en sus altares, así como sus apodos y su vestuario, revelan que se trata de una santa cósmicamente mexicana. En otras palabras, sus seguidores la consideran, en cierta forma, una versión sobrenatural de sí mismos. En sus altares se coloca tequila, cerveza, cigarros y chocolate, con la creencia de que la Niña Blanca gusta de consumir la misma comida, bebida y el tabaco que disfrutan los devotos, y también de que, al igual que sus adoradores, ocasionalmente bebe en exceso. Vicente Pérez Ramos, líder del culto en Morelia, aseveró que a su santa esquelética le gustaba «ponerse hasta atrás», bebiendo algunas veces su marca favorita de tequila, Rancho Viejo. Aunque Jesús Malverde, el santo popular mexicano y *patrón* de los narcos también bebe, fuma e incluso consume líneas de cocaína, no creo que exista otra santa popular que comparta un cigarro de mariguana o un vaso de cerveza con sus devotos.

En un sentido similar, el conjunto de sus apelativos no solo expresan afinidad, sino camaradería. La Flaquita, la Huesuda, la Niña Blanca y la Niña Bonita son nombres comunes que se usan en todo México y en muchos lugares de los Estados Unidos.

Muerte a la mexicana, capilla de la Santa Muerte, Santa
Ana Chapitiro, Michoacán

Los dos últimos son términos cariñosos que recuerdan el tipo
de lenguaje que emplean los devotos de la virgen de Guadalupe y de
otros avatares de María. En cambio, los dos primeros, la Flaquita y la
Huesuda, capturan la jovial familiaridad con la que muchos mexicanos,
especialmente de clase trabajadora, se tratan entre sí. A pesar de que el
atuendo tradicional de la Santa Muerte, el hábito negro de las monjas,
evoca la Europa medieval, con los cambios recientes a su imagen, la
Santa tiene un aspecto mucho más mexicano. Aunque doña Queta
cada mes le ofrece un nuevo guardarropa a la estatua más famosa del
culto, el único cambio significativo es el color del vestido, que consiste
en una túnica similar a la que portan los diversos avatares de la virgen
María en México.

El mundo entero en su mano, altar en la casa de Vicente
Ramos Pérez, Morelia, Michoacán

Sin embargo, la más mexicana de todas las que vi fue otra estatua
de la Santa Muerte de tamaño natural, vestida con una camiseta verde
del equipo de futbol nacional mexicano. Es fácil imaginar a la Santa
oyendo las súplicas de revancha y victoria contra el equipo archirrival
de los Estados Unidos.

No obstante, en otro plano, algunos devotos me dejaron bien claro
que la Hermana Blanca, como personificación de la muerte, trasciende
la nacionalidad. Como la Sombría Segadora, es una mensajera universal
de la muerte, que guadaña en mano viene inevitablemente por todas
las almas, mexicanas y gringas por igual. De hecho, una de sus estatuas
de tamaño natural más comunes me recordó en forma humorística que
la Huesuda, tarde o temprano, vendría por mí y por todos mis com-

patriotas estadounidenses. Las cuatro esculturas grandes de la Santa que se encontraban frente a la tienda Parafinas y Esotéricos Guillermo en Morelia tenían sus esqueléticos pies sobre el globo terráqueo y, de alrededor de las doscientas naciones donde podrían haber colocado sus pies, los fabricantes mexicanos de objetos religiosos decidieron situarlos sobre los Estados Unidos, en el corazón de Texas. Dado que la mayor parte del arsenal usado por los narcos mexicanos en sus luchas entre ellos y contra el Gobierno se compra en el estado de la Estrella Solitaria, la imagen de la muerte sobre Texas resulta convincente.

EN LA MUERTE CONFÍO

No solo el carácter familiar de la Santa como símbolo de la muerte influye entre millones de mexicanos y centroamericanos, también sus extraordinarios poderes derivados de la muerte misma. La Dama Poderosa no es únicamente un esqueleto juguetón que divierte y satiriza. Antes bien, en México y parte de Centroamérica y los Estados Unidos se ha vuelto el santo popular más fuerte a causa de su control excepcional sobre la vida y la muerte. Su reputación como el santo más poderoso y de más rápida acción es lo que principalmente atrae a sus altares a los devotos orientados a obtener resultados. Ya que su prestigio se popularizó hace poco, muchas personas han recurrido a ella solo después de haber invertido sin éxito en otros santos. Por ejemplo, desde su celda en la cárcel, Ernesto, chofer de taxi en la ciudad de México de 20 años de edad, oraba a San Judas Tadeo y a la virgen de Guadalupe para que lo liberaran rápidamente de la prisión. Tras sentir que sus oraciones caían en oídos sordos, al igual que les sucedía a muchos de sus compañeros presos, decidió hacer un contrato con la Santa Muerte. Condenado por malversación de fondos, Ernesto prometió a la Dama Poderosa que le ofrecería una veladora cada mes en el altar de doña Queta si lograba que lo liberaran de la cárcel en el plazo de un año. Conocí a Ernesto en el famoso altar de Tepito cumpliendo su trato con una veladora blanca encendida. Había pasado poco menos de un año tras las rejas.

Si la santa huesuda ha adquirido muchísimos nuevos seguidores que estaban desilusionados de San Judas Tadeo, la virgen de Guadalupe, Jesús

Malverde y otros, es porque ninguno de estos santos, sean oficiales o populares, pueden rivalizar con su poder y habilidad de obrar milagros en una amplia gama de aspectos. En gran parte, esto se debe a la posición en la jerarquía celestial que le atribuye la mayoría de sus devotos. Con una posición más elevada que otros santos, mártires e incluso la virgen María, a la Santa Muerte se le concibe como un arcángel (de la muerte) que solamente obedece órdenes de Dios mismo. Los lectores familiarizados con la teología católica reconocerán el conocido papel del Arcángel Miguel, el ángel de la muerte de Dios, quien vigila y juzga las almas, pesando sus méritos con la misma balanza que emplea la santa esquelética.

Así, en la teología popular de los devotos de la muerte, la Dama Poderosa no solo remplaza a San Miguel, sino que prácticamente suplanta a Dios con su infinito poder para realizar milagros. Cabe notar que no es nada nuevo el hecho de relegar a Dios a los márgenes de la práctica religiosa. El catolicismo popular mexicano, y latinoamericano en general, se ha enfocado históricamente en los santos y en la Virgen, que son más accesibles, y considera a Dios como una figura más bien remota. Teodora, una señora de 42 años, originaria de Morelia y que se dedica a limpiar casas, captó la esencia de la perspectiva que poseen muchos devotos sobre Dios y la Santa Muerte. Al explicarme su devoción hacia la Hermana Blanca, Teodora dijo: «Creo en Dios, pero confío en ella».

LA MUERTE COMO LA SOMBRÍA SEGADORA

Si el estatus como una santa popular que personifica a la muerte resulta excepcional en América, la identidad femenina de la Santa Muerte la convierte en única en su género. El Rey Pascual guatemalteco y San la Muerte argentino constituyen, sin lugar a dudas, sus únicas contrapartes desde Buenos Aires hasta Vancouver. Pero, al igual que el tradicional Sombrío Segador, estos dos santos de la muerte, a quienes los regímenes asesinos de sus países los mantuvieron muy ocupados en las décadas de 1970 y 1980, inequívocamente son figuras masculinas. El santo guatemalteco porta una corona de rey, y el argentino en general lleva hábitos de monje. En cambio, la Niña Bonita mexicana prefiere los hábitos de monja, los trajes blancos de novia y los atuendos de reina. La Santa aparece cada vez más en los altares con una cabellera larga, negro azabache, y en ocasiones incluso con rizos sueltos. Como una santa esquelética femenina, la Santa Muerte es única en América, si no es que en todo el mundo. El único santo que rivaliza con su popularidad en los Estados Unidos y México es la virgen de Guadalupe, la Emperatriz de América.

La Reina de México resulta relevante para la construcción de la identidad de género de la Santa Muerte. Ya hemos visto que los españoles llevaron su Sombrío Segador femenino, la Parca, al Nuevo Mundo. De este modo, si para los españoles la personificación predominante de la muerte era femenina, lo que realmente requiere explicación es la identidad masculina del Rey Pascual y de San la Muerte. Sin entrar en detalles, se puede afirmar que los santos esqueléticos argentino y guatemalteco son resultado de una fusión de la Parca con santos españoles reales e imaginados. Se recordará que, en el caso guatemalteco, a San Pascual Bailón, un fraile español canonizado del siglo XVI, se le transformó en un santo esquelético. Y uno de los principales mitos de la creación de San la Muerte habla de sus orígenes como misionero jesuita.[4]

Dado que durante casi siglo y medio –desde la década de 1800 hasta la de 1930– no existen rastros escritos de la Santa Muerte en los documentos históricos conocidos, resulta imposible apreciar el desarrollo de su identidad a lo largo de este período. Sin embargo, lo que se sabe es que la Santa Muerte que aflora aproximadamente 130 años después de que se la mencionara por primera vez, es la misma figura femenina que aparece como hechicera del amor en las notas de campo de los antropólogos. Dando por supuesto que la Santa Muerte siguió operando clandestinamente en la misma región del centro de México donde la había perseguido la Inquisición, la Santa tendría buenas razones para preservar su identidad femenina durante el largo período en que permaneció escondida. Durante esta época histórica fue cuando la virgen mestiza de Guadalupe, quien se cree que se apareció a Juan Diego en 1531 en la actual ciudad de México, se convirtió en el avatar preeminente de María, especialmente en el centro del país, donde tuvo lugar su aparición. La matrifocalidad del catolicismo popular iberoamericano adquirió nuevas alturas con el predominio de la virgen de Guadalupe como principal figura religiosa en el ámbito mexicano. Ante la falta de una entidad equivalente a la ubicua virgen mexicana, en Centroamérica y Sudamérica se suscitó menos presión sobre los santos esqueléticos para preservar cualquier identidad femenina que pudieran haber tenido originalmente. En cambio, el mayor grado en que el catolicismo popular en México se centra en lo femenino, en especial en el corazón del país, probablemente sirvió para reforzar la identidad de género de un santo no oficial que, como estrategia de supervivencia, se había refugiado en el terreno de lo oculto.

Cada vez que pienso en la tentadora pareja de la Guadalupana y la Flaquita, recuerdo cómo se iluminaron los ojos del padrino del culto cuando las mencioné a ambas, a la vez, durante mi entrevista. Varios cuadros grandes de la virgen mestiza decoran el santuario y los muros de la oficina de la iglesia de la Santa Muerte del «arzobispo» Romo. Al reflexionar sobre la posición dominante de las dos santas femeninas en el ámbito religioso mexicano, el padre David sonrió y profirió un ingenioso retruécano: «México es un país de mucha madre». Por tanto, en el contexto del catolicismo popular mexicano matrifocal, en donde hasta hace poco la virgen de Guadalupe ha dominado, la identidad femenina de la Santa Muerte constituye una parte importante de la atracción que ejerce en los devotos, en particular en las mujeres y las jóvenes.

Además de los lazos de hermandad y comadrazgo que denotan apelativos como Hermana Blanca, Madrina y Comadre, la Dama Poderosa incluso desempeña el papel de figura materna de algunos de sus hijos espirituales. Ernestina, exconvicta de 51 años de edad y residente de Tepito, con lágrimas en los ojos se refirió al lado maternal de la Flaquita: «Míreme, acabo de cumplir 51 años antier y todavía estoy con ella, y siempre estaré con ella. Si usted pudiera ver los milagros que me hace en la calle, en mi casa, con mis hijos. Yo no tengo mamá, pero la tengo a ella. Y ella es todo lo que tengo. Y mi fe en ella es tan grande que sé que va a sacar a mi hija [de la prisión]. ¡Sé que la va a sacar!».[5]

CONTRATO CON LA MUERTE

¿Y qué hacen los devotos de la Santa Muerte, como Ernestina, para que su santa matrona obre los milagros que desean, por ejemplo una rápida liberación de la cárcel? La respuesta podemos encontrarla en el tipo de relaciones contractuales que están presentes en todas las religiones populares, entre ellas el pentecostalismo, el vudú y el catolicismo del pueblo. La lógica de la reciprocidad es la base que sustenta la forma en que los creyentes se acercan a los santos, los espíritus, el Espíritu Santo y otros seres divinos. En los contextos cristianos, la petición de un milagro comienza con un voto o una promesa. Una devota pentecostalista, por ejemplo, al buscar la curación de una enfermedad grave prometería a Jesús que, a cambio de una cura milagrosa, daría testimonio de dicha curación en nueve iglesias diferentes. Si el milagro se cumple, la suplicante está obligada contractualmente a cumplir su parte del trato. Dejar de hacerlo puede tener graves consecuencias. Desde luego que si Jesús no lleva a cabo la curación solicitada, la creyente no tiene ninguna obligación de dar el testimonio.

Así, los devotos solicitan milagros a la Santa Muerte del mismo modo en que lo harían con otros santos, sean populares u oficiales. Lo que distingue los contratos con la Hermana Blanca es el poder vinculante de dichos contratos. Del mismo modo en que muchas personas consideran a la Santa como la obradora de milagros más potente en el ámbito religioso, tiene la reputación de castigar severamente a los que no cumplen los contratos realizados con ella; no obstante, la mayor parte de mis informantes negaron la noción popular generalizada entre quienes no son sus seguidores de que la Santa Muerte, en su papel de Sombría Segadora, puede cobrar la vida de miembros de la familia de los devotos que rompan sus promesas con ella.

La cruzada cinematográfica contra la santa esquelética que emprendió Paco del Toro da vida a esta idea en la gran pantalla. En la película, sensiblera pero interesante, una madre desesperada, tras haber agotado todos los recursos, hace un contrato con la Huesuda para lograr la cura del cáncer terminal de su pequeña hija. Los rezos diarios frente a un altar que agranda constantemente rinden frutos con rapidez, y en poco tiempo la Santa Muerte otorga el milagro, erradicando el tumor cerebral de la niña. No obstante, la exigente santa pronto revoca el milagro, y permite que el tumor regrese poco después de que la hija ha dejado de usar un medallón de la Santa Muerte alrededor del cuello. Al final, a la niña se le otorga una cura milagrosa, pero se la dispensa Jesucristo. Sin embargo, la mayor parte de los devotos rechaza la idea de que la Santa Muerte aplique castigos con la misma facilidad con la que hace milagros.

Conocido como el Ángel del Destino, Luis Mesa, brujo de 80 años de edad y devoto de la Santa Muerte, asevera que la Sombría Segadora solo viene por la gente cuando Dios se lo pide. Como residente de la población fronteriza de Ciudad Juárez, una de las más violentas del mundo a causa de la guerra contra las drogas, el Ángel del Destino está muy familiarizado con la muerte. Su Santa Muerte, al igual que la de la mayoría de las personas que entrevisté, es una santa compasiva y de buen corazón que no trafica con la venganza.

EN EL ALTAR DE LA MUERTE

Sea que busquen un ajuste de cuentas o un trabajo, los devotos de la Santa Muerte normalmente practican ciertos rituales con el fin de obligarla a actuar en beneficio de ellos. El altar y las oraciones rezadas frente a este constituyen la esencia del ritual del culto a la Santa Muerte. Una mirada a ambos elementos arrojará luz sobre las formas en que sus seguidores tratan de hacer que actúe la Santa.

Como un lugar sagrado donde los devotos ofrecen las plegarias y ofrendas materiales a la Niña Blanca, el altar ocupa el centro de la práctica de la devoción. El examen de los objetos más comunes encontrados en el altar de la Santa Muerte ayudará a aclarar la naturaleza del culto.

Debido a que el culto es un movimiento religioso con una organización muy laxa, el tamaño y la composición de los altares son muy variados. Algunos son extremadamente barrocos, con una abrumadora diversidad de objetos de devoción. Otros tan solo constan de una estatuilla de la Santa sobre una mesa plegable con algunas veladoras y un vaso de agua a sus pies. A pesar de su rica diversidad, en la mayor

Santa Mariguana, altar descubierto en una redada contra
las drogas en Houston

parte de los altares hay algunos objetos comunes de la devoción. El
altar de la imagen de arriba, fotografiado en una escena de una redada
contra las drogas llevada a cabo en Houston, servirá como guía del rito.

El centro sagrado del altar lo constituye la estatuilla de la Santa
Muerte. En un arcoíris de colores, 15 figurillas cumplen una función
devota en el altar. Con excepción de la estatuilla alada que está sentada en el extremo izquierdo de la repisa, existe una uniformidad en
las figuras, todas las cuales visten mantos y sostienen una guadaña
en la mano derecha y la Tierra en la izquierda. Acerquémonos a la
figura más prominente de la Santa Muerte, la que (vestida de verde)
se encuentra de pie en la mesa circular cubierta con una tela mancha-
da de cera. Teniendo en cuenta que el verde simboliza la justicia y la

ley, es comprensible que los traficantes de drogas devotos de la Santa coloquen precisamente esta estatua en el centro del altar. En su traje verde dice: LEY, MANTENTE LEJOS –por supuesto que en este caso no lo hizo–. Sobre los hombros lleva un ostentoso collar de plata que cuelga al frente y que recuerda tanto los rosarios católicos que portan muchas de las estatuas, como los llamativos colgantes que usan muchos devotos jóvenes. La extravagante joyería evoca la identidad católica popular de la Santa, así como su capacidad de hacer dinero.

Al enfocar la mano derecha de la Santa, vemos que no podría haber sido más obvio el motivo del dinero con los descomunales billetes de dólares atados alrededor de la guadaña que lleva en la mano. El hecho de que este altar perteneciera a traficantes de drogas vuelve muy interesante la yuxtaposición del dinero con un utensilio de labranza. Desde luego que la guadaña figura como uno de los avíos icónicos de la Hermana Blanca. En su papel de la Sombría Segadora utiliza la antigua herramienta de labranza para trillar las almas de los hombres. Sin embargo, en este altar de narcos, los traficantes de drogas estarían más interesados en obtener una buena cosecha de billetes que de almas. La hoja afilada también puede servir como arma. Es posible suponer que los propietarios de este altar blandieran la guadaña contra los agentes de la ley y contra narcotraficantes rivales.

Hace relativamente poco tiempo que han aparecido en los altares los billetes de dólares y pesos, así como las monedas. Las efigies de la Huesuda, como la que se vende en Botánica Yemayá y Changó de Washington, hechas con docenas de billetes de dólares en miniatura, son las más impresionantes. ¿Quién necesita un ídolo dorado de la santa esquelética cuando se puede comprar uno completamente cubierto de billetes de 50 y 100 dólares por un precio similar? El papel de la Madrina como generadora de dinero no podría ser más claro. El dinero en efectivo también constituye uno de los principales tipos de ofrenda en los altares. Los devotos que creen que la Santa Muerte les ha cumplido una petición de dinero o de trabajo a menudo expresarán su gratitud con monedas que colocan en el altar o con billetes que sujetan con alfileres en su túnica. En los altares del sur de la frontera México-Estados Unidos, las ofrendas de dólares tienden a ser más numerosas que las de pesos, porque son de más valor y representan mayor prestigio. Con altos niveles de desempleo en ambos lados de la frontera, resulta comprensible que el dinero tenga tanta importancia en los altares de la Santa Muerte. Sea que se ganen el dinero vendiendo metanfetaminas en Houston o conduciendo un taxi en Morelia, los devotos, que deben esforzarse en tiempos difíciles, a menudo consideran que un ingreso estable representa nada menos que un milagro.

Si desplazamos el enfoque hacia su mano izquierda, observamos otro de sus símbolos icónicos, la Tierra. El globo terráqueo que descansa en la palma de su mano simboliza su dominio absoluto del mundo. Es la santa mundial, que reina sobre todas las vidas humanas, sin importar su nacionalidad, sexo, edad o clase social. La imaginería de dominio es aún más fascinante en estatuas como las que se encuentran en la tienda esotérica de Guillermo, en Morelia, en las que los pies huesudos de la Santa están colocados sobre el globo terráqueo. Literalmente tiene el mundo postrado a sus pies. Es posible suponer la influencia que tal imaginería ejerce entre aquellos devotos cuyo tráfico ilícito de drogas implica peligrosos cruces en la frontera e intentos de expandir su control sobre zonas más amplias.

Encaramado a los pies de la Santa se encuentra el búho totémico, el cual enriquece el significado simbólico de la estatua. La mayor parte de los observadores estadounidenses interpretarían a la criatura nocturna como símbolo de sabiduría, el búho viejo y sabio. Los mexicanos también establecen la misma asociación. Pregunté a la mayor parte de mis entrevistados sobre el significado de esta ave a los pies de la Santa Muerte, y la gran mayoría la relacionó con la sabiduría; incluso a algunos les extrañó que les hiciera una pregunta tan obvia. No obstante, algunos mencionaron un significado indígena más interesante del simbolismo del búho. Lupe, la devota de la Santa Muerte de Richmond que me dio a conocer la tienda de artículos religiosos de Cristina, contestó mi pregunta sobre el significado del búho con un proverbio mexicano: «Cuando el tecolote canta, el indio muere».

El tecolote –sinónimo de búho en el español de México, derivado del náhuatl– simbolizaba la muerte en la cultura azteca. De hecho, a Mictlantecuhtli, el Señor del Inframundo, a menudo se lo representa con un tocado decorado con plumas de búho. Así, la criatura nocturna que se encuentra encaramada a los pies huesudos de la santa esquelética desempeña un doble papel simbólico. El búho sabio de la tradición occidental invita a los devotos a acercarse a la Dama Poderosa por asuntos de comprensión y buen juicio. Los narcos de Houston que erigieron el altar deben de haber buscado su sabio consejo acerca de cómo evadir a los agentes de la DEA. Pero, en todo caso, el tecolote que canta del México precolombino retiene su significado simbólico en la base de la estatua de la Santa Muerte. Si la calavera y los huesos de la Huesuda no bastaran para evocar las visiones de la muerte, el tecolote anuncia el inminente fallecimiento de indios y narcos por igual.

Exactamente debajo de las garras del búho, se encuentra una de las ofrendas favoritas de la Madrina: el tabaco. En este altar en especial se trata de un puro, pero los cigarros son igualmente comunes. Por regla general, los devotos siguen el mismo ritual que observé que hizo Talía –una adolescente *darketa* con un anillo en la nariz–, cuando se encontraba frente al histórico altar de doña Queta. Vestida de negro de pies a cabeza, Talía frunció los labios alrededor de dos Camel y los encendió. Tras dar algunas chupadas profundas a los cigarros, tomó uno y lo colocó en la tarima frente al altar cubierto de vidrio. Absorta en sus plegarias a la santa matrona, Talía aspiró bocanadas de humo del Camel que había conservado para sí, mientras se consumía lentamente el que había ofrecido a la Santa Muerte. Si no hubiera habido un vidrio que la separara de la famosa estatua, la joven *darketa* probablemente hubiera echado su humo hacia el rostro descarnado de la Santa Muerte.

Los discípulos de la Santa echan el humo de tabaco, y en algunos casos de mariguana, hacia su imagen como un acto de purificación ritual. Desde luego que el uso del tabaco en los rituales religiosos tiene una larga historia en América, donde los indígenas de todo el hemisferio occidental fumaban pipas y puros en ceremonias espirituales. Casi todos los grupos religiosos populares y los brujos de Norteamérica y Sudamérica utilizaban la planta nativa en sus prácticas rituales. Yo tuve una experiencia personal por primera vez en 1986 en un pueblo de los Andes del Ecuador. Usando a su hijo como intérprete, el chamán de habla quechua exhaló copiosas cantidades de humo sobre mi cara como parte de una limpia, o un ritual espiritual de limpieza. Hasta hoy no estoy seguro del significado de sus palabras al decirme: «arregla tu frente dañada». Mis tres amigos de la universidad, a quienes el chamán indio les dio un consejo igual de críptico, cuando terminábamos nuestro semestre en el extranjero en la región andina de América del Sur, me recordaban en son de burla que «arreglara mi cabeza». De regreso a la capital mexicana, doña Queta, a quien le gusta fumar de vez en cuando, sabe que la Flaquita comparte su gusto por el tabaco. La madrina del culto explicó: «Le gusta cuando hacemos esto [echarle el humo]. Le gusta el olor del tabaco».[6] El hecho de que la Hermana Blanca ocasionalmente comparta el gusto de sus devotos por un buen cigarro nos recuerda su camaradería como una personificación mexicana de la muerte.

Antes de continuar con los otros objetos rituales de este altar de narcos, debemos tomar en cuenta brevemente un motivo de culto fundamental que falta en la fotografía. Aunque ninguna de las efigies localizadas en la escena del crimen de Houston la tiene, la balanza de la justicia constituye un objeto simbólico común. La santa esquelética generalmente sostiene la balanza, equilibrada a la perfección, en su mano derecha, la mano en que las estatuas de este altar tienen la guadaña. Al igual que la veladora verde, la balanza simboliza la justicia, la ley y el equilibrio. Los devotos con problemas legales, como los dueños del altar de Houston, piden a la Santa Muerte, el justo juez, fallos favorables en sus juicios. En un plano más etéreo, con la balanza en la mano, la Santa se convierte en el Ángel de la Muerte, y usurpa así la labor del arcángel Miguel de pesar ante Dios el mérito de las almas humanas. Nuestros traficantes de drogas de la ciudad de Bayou prefirieron la imagen de la Santa blandiendo una guadaña, pero la Huesuda que sostiene la balanza igualmente se hubiera sentido como en casa en este altar.

De regreso a las ofrendas de la fotografía, observemos las veladoras votivas y las flores colocadas en la mesa frente al ídolo principal. Junto con las estatuas de la Santa, las veladoras constituyen los objetos rituales más importantes de los altares. De hecho, nunca he visto un altar que no tenga por lo menos una. Dejando de lado el simbolismo del color –lo que me proporcionó la estructura para este libro–, las veladoras son los objetos rituales más comunes y baratos que pueden obtener los discípulos de la Santa Muerte. En todos los puestos de mercado y en todas las tiendas que visité, los distribuidores de los objetos religiosos invariablemente afirmaron que las velas votivas eran el producto mejor vendido de la Santa Muerte. Con un costo equivalente a uno o dos dólares por pieza, los creyentes pueden permitirse una forma relativamente barata de agradecer o hacer una petición a la Niña Bonita.

El empleo de las velas votivas por parte de los devotos corresponde esencialmente a la costumbre católica tradicional. Tal como el término votivo lo expresa, los católicos ofrecen estas veladoras de cera como símbolos de votos o plegarias hechos a algún santo en particular, a las personas de la Santísima Trinidad o a la virgen María. En este momento están ardiendo millones de veladoras en iglesias, en recintos sagrados públicos y en altares de casas a lo largo de todo México, el país con la segunda población más grande de católicos en el mundo. Siguiendo con la tradición católica, en la que las veladoras frecuentemente tienen la imagen de un santo particular, en los vasos de las veladoras de la Santa Muerte siempre se muestra la imagen de la Niña Blanca. La que se encuentra junto a mi laptop muestra una bonita pero burda imagen de la Sombría Segadora. Es difícil percibir lo que lleva en la mano derecha, si es que lleva algo, y los contornos de su calavera son borrosos. No obstante, esta imagen basta a los devotos para imaginarse a la Niña Bonita mientras le piden algún favor o le agradecen alguno ya otorgado. Y si los devotos prefieren rezar una oración ya hecha que una propia, todas las veladoras tienen oraciones impresas en la parte posterior del vaso. Mi veladora roja, junto a la computadora, contiene la oración habitual para que regrese un esposo o un novio mal portados. La petición es para que el hombre descarriado «se arrodille ante mí y obedezca todas mis órdenes». Menos preocupados por los asuntos del corazón, los dueños del altar de Houston escogieron veladoras negras y blancas para iluminar su espacio sagrado. Ambos colores pueden usarse con propósitos de protección, y teniendo en mente a quiénes pertenecía este altar es bastante seguro asumir que los devotos que traficaban con drogas buscaban la ayuda de la Dama Poderosa para que los protegiera de la ley o de los traficantes rivales.

Los mexicanos adoran las flores casi tanto como los globos, y los altares dedicados a la Pelona reflejan su pasión por las rosas, los claveles y el cempasúchil (conocido como la *flor de muertos* debido a su asociación con el Día de Muertos). En el rosario mensual que ofrece doña Queta en su casa de Tepito, una de las principales atracciones, además de la misma Niña Bonita, son los cientos, si no es que miles de flores colocadas en la banqueta frente a su casa. El caleidoscopio de colores atrae la atención, en tanto que la fragancia de los ramos se mezcla con el aroma del humo de la mariguana y el tabaco para producir un completo ataque olfativo.

De nuevo atentos a la fotografía del altar, vemos rosas blancas en un florero en la mesa y muchas más en la tarima que se encuentra detrás. De acuerdo con el protocolo de los altares, las flores se han mantenido frescas en recipientes de cristal llenos de agua. Si las flores y las otras ofrendas perecederas no se mantienen frescas en el altar, la Santa puede ofenderse e incluso realizar algún acto de castigo. Por ejemplo, la desaparición y posterior muerte de uno de los principales personajes de la película *Santa Muerte* de Del Toro comienza cuando este personaje descuida el altar de su casa. Sin embargo, lo que cabe destacar ahora no es tanto la frescura de los arreglos florales, sino el tipo y el color de las flores. En este altar de la escena del crimen y en miles de recintos sagrados de la Santa Muerte no relacionados con el tráfico de drogas y con la violencia, las rosas blancas dominan en los arreglos florales. Las personas familiarizadas con el ritual mariano reconocerán de inmediato las rosas blancas en el altar de la Niña Bonita como símbolo clave de la Virgen, particularmente de la Guadalupana, Emperatriz de América y Reina de México. Una vez más podemos ver que los devotos de la santa esquelética se basaron en el repertorio ritual católico para la veneración de su santa. Por raro que pueda parecer, en términos de su poder para obrar milagros, su género y popularidad, la virgen mestiza es la que más cerca está de la Santa Muerte en el ámbito religioso de América del Norte. Si la virgen mestiza de piel morena adora las rosas blancas, ¿por qué no habría de hacerlo la santa Niña Blanca?

El agua en el altar no solo sirve para mantener las flores frescas, sino que es en sí misma un objeto ritual significativo. En la repisa posterior del altar de Houston, algunos vasos de diversas formas y tamaños contienen el vital líquido, el cual tiene múltiples significados simbólicos. Siguiendo el ritual cristiano, el agua en el altar de la santa de la muerte limpia, purifica y renueva. Así, el protocolo del ritual exige que los devotos mantengan el altar con agua y que la repongan. Pero la evaporación no es la única razón por la que los devotos de la Santa Muerte deben llenar con frecuencia los vasos. Más bien, tal como me dijo Andrés –un joven treintañero que conocí en la sala de espera del consultorio dental de mi cuñada en Lázaro Cárdenas, Michoacán–: «Ella siempre está muy sedienta por viajar tanto». Si la Huesuda bebe el agua bendita que se le ofrece, es porque literalmente está muerta de sed. La palabra *esqueleto* procede del verbo griego *skellein*, desecarse o morir de sed, en forma muy similar al nombre de la Sombría Segadora española, la Parca. Así, como una santa viva que respira y que está formada por huesos secos, la Huesuda sufre de una sed legendaria, sed que no podrá saciar solamente el agua. Antes de pasar a otras ofrendas de líquidos, cabe notar que, por el contrario, en el folclor hispanoamericano el agua representa la muerte. En particular, muchos mexicanos, argentinos y otros hispanoparlantes interpretan el agua en los sueños como señal de una muerte inminente.[7] El agua de sus sueños no es el agua que mantiene la vida, sino el contenido de las pesadillas, de inundaciones que ahogan y de corrientes que causan desgracias. De cualquier forma que hayan interpretado el agua los narcos de Houston, ritualmente hacían lo correcto al mantener los vasos de su altar llenos del simbólico líquido.

Al igual que sus discípulos, la Madrina no solo bebe agua. Aunque es ecléctica en sus gustos del alcohol, sus bebidas preferidas son la cerveza y el licor fuerte. Y de acuerdo con su identidad mexicana, su bebida fuerte favorita es el tequila, el licor nacional icónico. En la fotografía del altar observamos, a la izquierda sobre el piso, una botella de licor vacía junto a la efigie de tres colores. Al parecer, los dueños no fueron tan diligentes al llenar la dotación de licor de la Huesuda como lo fueron con el agua. Casi todos los devotos que he entrevistado dejaron claro que una dotación de alcohol en el altar constituye una parte importante de las obligaciones rituales. Dado que realmente creen que la Santa, muerta de sed, se toma toda la bebida que se le ofrece, los discípulos que se olvidan de colocar una dotación de licor lo hacen bajo su propio riesgo. De hecho, los altares como el que se encuentra en la casa del líder del culto de Morelia, Vicente Pérez Ramos, deben tener suficiente cerveza y licor para que la Flaquita pueda embriagarse si lo desea. Don Vicente explicó que el tequila es la bebida preferida de la Santa porque es un destilado del agave, planta que al igual que la Huesuda es nativa de México. Cuando estábamos a punto de terminar la entrevista, me sugirió que rociara algunas gotas del tequila Rancho Viejo en la boca de la estatua de tamaño natural que se encontraba frente a mí al tiempo que le pidiera el «favor de poder vender un millón de libros». Me rehusé amablemente, pero sí le compré una figurilla de la santa esquelética, la cual consagró con tequila Rancho Viejo que tomó de una botella de plástico y roció abundantemente sobre la estatuilla y sobre mí. Don Vicente bautizó a mi santa mojada de tequila con el nombre de Ollac, que aseveró que era el nombre del santo purépecha guardián de los cementerios.

Las ofrendas rituales de alcohol en los altares de la Santa Muerte corresponden por completo a las normas de la devoción de la mayor parte de los santos populares de América Latina. Maximón, también conocido como San Simón, bebe cantidades prodigiosas de ron en la zona montañosa de Guatemala, en tanto que el santo original de los narcos, Jesús Malverde, comparte el gusto por el tequila y la cerveza con la Huesuda. Dado que los devotos crean a sus santos populares a su propia imagen, no resulta sorprendente que estos hacedores de milagros disfruten de los mismos licores que sus seguidores humanos. Al contemplar las bebidas alcohólicas de los altares de la Santa Muerte, la ausencia de vino contrasta con la abundancia de cerveza y de licor. Desde luego que el vino desempeña un papel central en el ritual católico, y los pueblos iberos, amantes del vino, lo llevaron a México y a la mayor parte de América. Sin embargo, con excepción de Argentina, Uruguay y Chile, las clases trabajadores de América Latina no beben mucho vino. La cerveza y los licores destilados, como el ron, el tequila y el brandy fluyen con más abundancia en las cantinas y los bares de la región. Por tanto, en este contexto cultural, una copa de Chardonnay o de Cabernet Sauvignon en el altar de la Santa Muerte parecería una ofrenda excesivamente pretenciosa para una santa más bien sencilla. Otra ausencia curiosa del narcoaltar de Houston, y de todos los espacios sagrados de culto, son los refrescos. Los mexicanos beben tanto refresco que ocupan los primeros lugares en mundo en el consumo de estas bebidas, de modo que la ausencia de botellas de Coca Cola o de Jarritos (marca mexicana que viene en un arcoíris de colores) en los altares resulta bastante llamativa. Y en caso de que se piense que la santa esquelética pudiera rechazar las bebidas carbonatadas por ser demasiado infantiles, cabe recordar que también le encantan las ofrendas dulces, de caramelos y chocolates.

La cornucopia de otras figuras religiosas en el altar de Houston y en la mayoría de los otros altares desmiente la noción popular de que la Santa perpetuamente sedienta es una celosa, que exige que en su espacio sagrado no estén otras deidades. Y aunque este altar en particular contiene una gama más amplia de sus colegas santos y espíritus que la mayoría de los altares, constituye un ejemplo típico del carácter inclusivo y ecléctico de gran parte de los espacios sagrados dedicados a este culto. La desconcertante colección de imágenes e iconos se vuelve más comprensible si los examinamos en sus respectivas categorías religiosas. Comenzando con las más llamativas de la miríada de figuras, vemos siete imágenes grandes del icónico esqueleto mexicano, la Catrina, que se encuentra en el muro posterior del altar. Hecho en papel picado (arte popular mexicano de papel recortado como celosía), el esqueleto de la alta sociedad pertenece a la categoría del folclor nacional e incluso constituye un tótem de la identidad mexicana. Aunque en los altares de la Santa Muerte no son tan comunes como las figuras cristianas, resulta fascinante la presencia cada vez mayor de las Catrinas. En los recintos sagrados del culto, tales esqueletos, que normalmente son seculares y juguetones, se convierten en miembros clave del entorno espiritual de la Santa Muerte.

Aunque en este altar se ven un poco menos prominentes que los esqueletos juguetones, las figuras cristianas tienden a eclipsar a otras que aparecen en la mayoría de los cuadros sagrados del culto. En este caso, como sucede con la mayoría de los altares, Jesucristo y la virgen de Guadalupe representan los miembros más importantes del entorno cristiano de la Flaquita. En la fotografía, los siete crucifijos y el retrato grande del avatar mestizo de María que se encuentran en el rincón superior izquierdo de la pared otorgan legitimidad al espacio sagrado y aumentan la potencia de los milagros realizados por la santa esquelética.

Procedamos ahora a examinar el santo popular cuyo busto se encuentra en la mesa, en el extremo inferior derecho de la fotografía, el cual no pertenece a la ortodoxia cristiana. Hasta que en el año de 2001 la Huesuda se volvió visible en el ámbito religioso, el santo popular Jesús Malverde, del norteño estado de Sinaloa, representaba el papel del patrón principal de los traficantes de drogas, especialmente de los de su misma entidad y del norte de México en general. Eclipsado por su contraparte femenina más poderosa, la Santa Muerte, hoy en día Malverde en general representa su coadyuvante espiritual. Su presencia en un narcoaltar como este es típica.

Si los méritos cristianos de Jesús Malverde son dudosos, las figuras restantes del altar lo son aún más, sin pretensión alguna de pertenecer al mismo reino de Jesús y sus discípulos. La mayor parte de ellos –que están colocados en el piso, debajo de la tarima posterior y detrás de la efigie prominente de la Santa Muerte– constituye un grupo variopinto de entes sobrenaturales que en América Latina a menudo aparecen tanto en los altares de la diáspora africana, como en lugares de hechicería y magia. Algunas figurillas de nativos americanos con penachos de plumas descansan en el piso, detrás de la estatua principal de la Huesuda. Apaches, sioux y cherokees figuran en forma destacada en la magia latinoamericana y en las religiones de la zona provenientes de África, pero más importante en este caso, también en la santería cubana. En ambas tradiciones, los practicantes consideran que los indios son ante todo curanderos poderosos. Dado que el tabaco tuvo una función importante en muchas culturas nativas de América, los rituales de curación que involucran a los indios generalmente requieren puros o cigarros.

Mientras que los indios y su tabaco refuerzan la identidad indígena de la Santa Muerte, las deidades hindúes y budistas colocadas en el piso frente a los nativos americanos contribuyen al dominio mundial de la

Santa. Dioses y diosas de estas dos religiones asiáticas se han vuelto bastante comunes en las creencias de la diáspora africana y en la brujería de América Latina y del Caribe. La antropóloga Raquel Romberg encontró figurillas de Ganesh y de Buda, entre otras deidades, de venta en muchas botánicas de Puerto Rico. Del mismo modo, es fácil hallar figuras asiáticas religiosas en muchas tiendas de artículos religiosos situadas a ambos lados de la frontera entre México y los Estados Unidos. Los dos Budas, uno en la parte inferior del rincón izquierdo de la fotografía y el otro abajo a la derecha, no solo acrecientan las referencias internacionalistas de la Flaquita, sino aumentan su habilidad de favorecer a los devotos con buena suerte y fortuna. Prácticamente todos los devotos de la Santa Muerte desean estos beneficios, en especial los que tienen un trabajo que implica la búsqueda peligrosa de riqueza rápida, como los dueños de este narcoaltar.

Como mandada a hacer, si no es que mejor, resulta la estatuilla de la diosa hindú Kali, colocada inmediatamente a la derecha del Buda de la izquierda. Al ser diosa de la muerte y a la vez madre divina, Kali tiene un parecido asombroso con la Santa Muerte. A menudo representada con piel negra y un collar de calaveras, esta diosa, al igual que su contraparte mexicana, se asocia al tiempo como destructor de la vida. Y en perfecta armonía con la naturaleza de este altar de Houston, coincide que ella era la patrona de los thugs, una secta religiosa de la India, ya desaparecida, integrada por ladrones y asesinos que estrangulaban a sus víctimas. El culto de Kali atrae sobre todo a miembros de las castas bajas, quienes también la consideran la Madre Divina. Podemos suponer que los narcos que oraban en este espacio sagrado estaban particularmente interesados en el aspecto destructivo de Kali, deidad que podría ayudar a la santa esquelética mexicana a destruir a sus rivales del narcotráfico y a los agentes de la ley.

Las figuras restantes colocadas en el suelo detrás de la Santa Muerte de siete colores desempeñan una función que se parece más a la de Buda que a la de Kali. La mayoría pertenecen al reino del folclor y la magia; se trata de los gnomos, el leprechaun en la olla de oro y el árabe, los cuales también representan emisarios de la fortuna y de la buena suerte. Los narcotraficantes devotos que rezaban en este altar de Houston deben de haber pedido a Kali y a la Dama Poderosa que mantuviera a la DEA y al Departamento de Policía de Houston (HPD, por sus siglas en inglés) lejos de ellos, de modo que, al igual que el leprechaun, pudieran encontrar su propia olla de oro. Si los leprechauns encuentran tesoros al final del arcoíris, los gnomos, como los tres que aparecen en la fotografía, cuidan los tesoros escondidos. No es muy difícil suponer que los traficantes de drogas en cuestión, y todos los que trafican con estimulantes y narcóticos en los Estados Unidos y México, tienen una necesidad apremiante de proteger su producto y las ganancias de sus ventas. Sin embargo, estos tres gnomos no desempeñaron su misión y fueron obligados a entregar las drogas y el dinero al HPD. También fallaron en su papel más nuevo de viajeros que saltan la frontera, papel popularizado por la película francesa *Amélie* y la agencia de viajes en línea Travelocity. Los traficantes, igual que los gnomos que viajan constantemente en avión, deben ser capaces de escapar con celeridad y de emprender un viaje de inmediato. Al parecer, estos devotos de la Santa Muerte no hicieron las maletas con suficiente rapidez.

Finalmente, el último hombre (o imagen) de pie en el narcoaltar es el árabe de aspecto estereotipado. Tales figuras árabes, que representan hombres barrigones, con perillas y *kufiya* al cuello por su asociación con los mercaderes árabes ricos, no encuentran oro, como los irlandeses leprechauns, ni lo cuidan, como los gnomos europeos. Más bien, al igual que los narcotraficantes, lo obtienen por la venta de sus mercancías. Muchas ciudades grandes de Latinoamérica tienen comunidades con un considerable número de ciudadanos de origen libanés y sirio. En México, el empresario multimillonario Carlos Slim Helú, de origen libanés, se encuentra entre los hombres más ricos del mundo. En el país donde Slim ha monopolizado durante largos años la industria telefónica, la imagen del árabe extremadamente rico es particularmente convincente. Y para los narcotraficantes de drogas más importantes, no resulta tan descabellada la meta de aparecer junto a Slim entre la gente más rica del planeta en la lista que publica Forbes. Joaquín el Chapo Guzmán, el renombrado jefe del Cártel de Sinaloa, con un patrimonio estimado en mil millones de dólares, recientemente apareció en el lugar 701 de la lista. Forbes lo catalogó entre los primeros cien lugares en la categoría de los individuos más poderosos del mundo. Al ocupar el sitio 41, se considera que tiene más influencia que los jefes de Estado de Francia y Rusia, e incluso que Oprah Winfrey, la magnate de los medios de comunicación que radica en Chicago.[8]

A pesar de que el altar de la escena del crimen en Houston está muy ornamentado, en él faltan algunos objetos de culto importantes que merecen un breve análisis dada su omnipresencia en los espacios sagrados del culto. Haciendo honor a uno de sus apodos, la Flaquita parece que bebe más de lo que come. No obstante, las ofrendas de comida son muy comunes en sus altares. De hecho, en las prisiones mexicanas muchos devotos solo comen sus alimentos tras haber ofrecido un plato de comida a la santa esquelética. Pero más que un plato lleno de la comida o la cena en su altar, son más comunes tres tipos particulares de comida. Como se dijo antes, que a la Santa no le gusten los refrescos no significa que rechace los dulces. En las mesas donde están sus objetos sagrados, abundan los dulces y la fruta. De acuerdo con su identidad mexicana, le encanta el chocolate, que es originario de México y de otras partes de Latinoamérica, y cuyo nombre deriva de la palabra náhuatl *xocolatl*. He visto una gran variedad de frutas en su altar, entre ellas plátano, papaya, naranja y manzana, aunque estas últimas, especialmente las rojas, constituyen la ofrenda de fruta más importante. En este caso, más que simbolizar la fruta prohibida representa abundancia y prosperidad, la fruta principal en el cuerno de la abundancia. Las espigas de trigo figuran como otro objeto tradicional de la cornucopia, pero en el altar de la Santa Muerte el trigo generalmente aparece en forma de pan. *La Biblia de la Santa Muerte* instruye a los devotos que ofrezcan la variedad de trigo entero; pero en los altares de México predominan los ubicuos bolillos. No obstante lo que prescribe el manual de devoción, al parecer la Niña Blanca, al igual que la mayor parte de sus devotos, prefiere el pan blanco. Además de simbolizar una abundante cosecha de riquezas, las ofrendas de pan blanco evocan el pan de muertos, que tiene una función primordial en las conmemoraciones anuales del Día de Muertos. Los devotos que no mantienen las ofrendas de comida en buenas condiciones se arriesgan a sufrir la ira de una santa extremadamente poderosa. Los altares situados a los lados de las carreteras, cuyo mantenimiento no es fácil, se encuentran entre los más transgresores en términos de las ofrendas echadas a perder. En cambio, las ofrendas de comida del histórico altar de doña Queta no podrían estar más frescas.

Por último, los objetos de culto significativos que faltan en el altar de la fotografía, pero que se encuentran en muchos altares públicos, si no es que en todos, son los exvotos. Tomados en forma idéntica del catolicismo popular, los exvotos son ofrendas relacionadas con votos o promesas hechos a la Huesuda. En general consisten en muestras de gratitud, como las fotografías de las personas que recibieron milagros, listones con oraciones, pedazos de papel con palabras de agradecimiento, milagros (amuletos metálicos curativos, casi siempre en forma de partes del cuerpo) e incluso credenciales de elector y otros tipos de identificaciones personales. Tras haber ganado una carrera, un devoto agradecido de San Luis Potosí sujetó con alfileres sus guantes de ciclismo en la estatua de la Santa Muerte que se encontraba en una tienda de artículos religiosos del mercado principal de la ciudad. En Pátzcuaro, una cinta con una oración anónima, sujeta con alfileres a una efigie de la Santa en una tienda similar, rezaba: «Gracias, Niña Blanca, por concederme el milagro que te pedí. Soy una persona enfermiza, pero todos los días te pedí más tiempo para poder ver a mis hijos graduarse, y tú me lo concediste. Espero que los sigas cuidando por mí, de modo que sean buenos hombres y yo pueda verlos empezar sus propias familias». Resulta interesante que los únicos tipos de exvotos que aún no se hayan importado del catolicismo sean los populares retablos, pinturas rudimentarias en placas de estaño que describen milagros específicos y se los agradecen al santo que los realizó. Tales expresiones gráficas de agradecimiento cubren los muros de los santuarios de todo México y partes del sudoeste de los Estados Unidos. He visto retablos de la Santa Muerte de venta en La Lagunilla –el gigantesco mercado al aire libre de la ciudad de México–, pero aún no los he visto en algún altar.

ORAR A LA MUERTE

Con su conjunto de objetos de culto, el altar cumple la función de un espacio sagrado donde los devotos se comunican con la Dama Poderosa mediante la oración. En sus múltiples formas, la oración constituye el medio principal mediante el cual los devotos formulan sus peticiones, imploran y agradecen a la santa de la muerte. La carencia general de una doctrina y de una organización formal del culto implica que los devotos tienen la libertad de comunicarse con la Santa Muerte de cualquier forma que deseen. Si, por ejemplo, los devotos prefieren el estilo pentecostal de expresiones libres, solo un puñado de líderes del culto les dirían que dicho tipo de oración espontánea es irreverente. Sin embargo, en la práctica, la mayor parte de las oraciones dedicadas a la Santa Muerte distan mucho de ser improvisadas. Antes bien, tienden a ser versiones modificadas de oraciones colectas, jaculatorias, novenas y rosarios católicos comunes. Debido a que la gran mayoría de los devotos de la Santa Muerte se educaron en un ambiente católico y siguen identificándose como católicos, no resulta sorprendente que, en gran medida, se basen en su repertorio ritual preexistente al dirigirse al principal objeto de su devoción religiosa. Y teniendo en cuenta que los devotos la consideran una santa, es completamente natural que recen a la Huesuda de forma similar a como se comunican con San Judas Tadeo y con Jesús Malverde, entre otras figuras santas. Dado que la oración ritual figura como el medio principal por el cual los devotos se comunican con la santa esquelética, un breve examen, tanto de su estructura como de su contenido, arrojará más luz sobre la gran atracción que tiene su culto.

En lo que se refiere al contenido, una forma de clasificar las plegarias del culto consiste en considerar la relativa presencia de la Santa Muerte en ellas. En un extremo del espectro se encuentran las oraciones católicas tradicionales, como el Padre Nuestro, el Ave María y el Gloria, que se han importado textualmente, pero a las que al final se les han agregado referencias a la Niña Bonita. Por ejemplo, al último verso del Padre Nuestro, «no nos dejes caer en la tentación y líbranos del mal. Amén», le sigue «Santísima Muerte alabada seáis celestial protectora invisible y visible, porque sin descanso luchas por nuestra salvación».

En un tono similar, a la última frase del Ave María, oración para la intercesión de la Virgen, le sigue una petición de protección a la santa esquelética: «Santa María, Madre de Dios, ruega por nosotros, los pecadores, ahora y en la hora de nuestra muerte. Amén. Santísima Muerte, alabada seáis celestial protectora invisible y visible, porque pudiendo gozar de la omnipotencia de la presencia del Creador, regresas a ayudar y a proteger a tus hijos de menor evolución». Inmediatamente después de Dios y la Virgen, en dos de las oraciones más comunes del catolicismo, la Santa Muerte aparece como una santa familiar y poderosa que alivia las aflicciones y protege a sus hijos de la fe. Sin embargo, en estos casos, la Santa no constituye el centro principal de las oraciones.

En el otro extremo del espectro encontramos numerosas oraciones en las que la Dama Poderosa constituye el único centro de estas oraciones. La mayoría de estas plegarias están dedicadas a lograr propósitos específicos, los cuales tienen correlación con los temas representados por los siete colores diferentes de las velas votivas. La *Oración para evitar robos* es representativa de este género.

> Pido tu protección Santa Muerte, aleja de estas puertas a ladrones, cubre con tu blanco manto a los intrusos para que no realicen sus hurtos, cuida de estos bienes para poder proseguir, guarda techos y paredes de malas voluntades.
>
> No permitas que espíritus extraviados conduzcan a sus seguidores hasta aquí, guarda mi hogar y mi negocio de todo mal, arrojo estas monedas para manifestar que, antes de materia, estás tú.[9]

Ante los altos niveles de desempleo y delincuencia, los devotos temerosos pronuncian cada vez más estas oraciones.

El culto también cuenta con una oración específica para los millones de mexicanos que hacen el peligroso viaje «al otro lado», como se refieren a los Estados Unidos. La *Oración para gozar de protección durante algún viaje* es como sigue:

> Espíritu Santísimo de la Muerte, invoco a tu santo nombre para pedir que me auxilies en esta empresa. Facilita mi curso sobre montañas, valles y

caminos, no dejes de brindar tu buena fortuna, haz los destinos de modo tal que los malévolos instintos se desvanezcan ante mí por tu poderosa protección, evita, Santa Muerte, que los problemas crezcan y ahoguen mi corazón. Evita, señora mía, que la enfermedad abrace con sus alas mi materia, aleja la tragedia, el dolor y la carencia. Esta veladora enciendo para que el brillo de tus ojos forme una muralla invisible en torno mío, dame prudencia y paciencia, dame, Santa Reina de las Tinieblas, fuerza, poder y sabiduría. Di a los elementos que no desaten su furia por donde hayan de atravesar. Cuida de mi feliz retorno, que ya quiero adornar y engalanar tu morada en mi santo altar.

La Biblia de la Santa Muerte recomienda encender una vela votiva dorada en la víspera del viaje.

Los devotos que necesiten milagros en diferentes frentes pueden escoger entre diversas plegarias estereotipadas. Una de las más comunes, que los devotos del argentino San La Muerte rezan en una versión que coincide casi palabra por palabra, es la *oración para invocar*.

Señora Muerte, espíritu esquelético, poderosísimo y fuerte, indispensable en el momento de peligro, yo te invoco seguro de tu bondad. Ruega a Dios todopoderoso, concédeme todo lo que te pido. Que se arrepienta por toda su vida el que daño o mal de ojo me hizo y que se vuelva contra él en seguida, para aquel que en amor me engaña, pido que lo hagas volver a mí y si desoye tu voz extraña, buen espíritu de la muerte, hazle sentir el poder de tu guadaña. En el juego y en los negocios, mi abogada te nombro como la mejor y todo aquel que contra mí viene hazlo perdedor. Oh Señora Muerte, mi ángel protector ¡amén!

Esta pequeña oración incluye peticiones de protección, venganza, unión amorosa y la concesión de todos los favores solicitados. Dado que el culto de San la Muerte ha sido público durante mucho más tiempo que el de su prima mexicana, es muy probable que la oración para invocar se haya originado entre los devotos argentinos.

San la Muerte y la Santa Muerte también comparten, aunque en diferente forma, una de las dos oraciones épicas del culto. Tomadas del catolicismo, las novenas son una serie de oraciones que en general se rezan durante nueve días consecutivos. Tanto los católicos como los devotos de la Santa Muerte tienden a reservar las novenas para peticiones especialmente importantes. La novena de la Santa Muerte captura a la perfección la fascinante mezcla de la forma católica con un contenido no cristiano que contiene el culto. Los devotos han preservado la estructura católica y el estilo de la novena originales, pero han alterado de manera radical el contenido. A diferencia de algunas de las oraciones antes mencionadas y de otras en las que Dios, Jesús y María aparecen junto a la Niña Blanca, la novena está dedicada exclusivamente a la Santa Muerte, sin incluir ningún actor celestial secundario de ningún tipo.

Al igual que la vela votiva de siete colores que sirve para múltiples propósitos, la novena está enfocada en las preocupaciones más comunes de los creyentes, como protección, amor, dinero, empleo y salud. Cada una de las nueve plegarias se centra en un área de la mayor importancia para la vida de los devotos. La oración del tercer día, por ejemplo, se llama *Santísima Muerte de la salud*.

> Tú que posees los secretos de la vida, termina con la enfermedad y el dolor que se ha posado en mi cuerpo y en el de aquellos a quienes amo. Vierte unas gotas de tu elixir poderoso y regresa a mi materia el vigor, la lucidez y la tranquilidad, para que entonces yo pueda seguir adorándote. Marca con tu mano bondadosa el final del sufrimiento que me toca. Limpia con tu manto el mal que yace en mi ser y aléjalo para siempre. Permite que el poder que existe en mí sea liberado para terminar con el mal, sea natural o sobrenatural, el cual llega a hombres y mujeres. Porque creo en mi propia energía que vive en mí.

Resulta interesante que las nueve oraciones terminan con la misma frase, que pudo haber sido tomada de las páginas de cualquiera de los cientos de libros de autoayuda que ocupan espacios considerables en los estantes de las librerías estadounidenses y mexicanas. Con el fin de aumentar las posibilidades de que la Dama Poderosa los oiga, los devotos frecuentemente rezan la novena durante un mes completo con solo un día de descanso entre los ciclos de nueve días.

EL ROSARIO DE LA MUERTE

En tanto que los devotos de la Santa Muerte generalmente rezan las novenas en forma individual en los altares de sus casas, el segundo tipo de oraciones épicas constituyen el principal ritual colectivo. Doña Queta, la madrina del culto, fue la pionera del rosario, que constituye una adaptación de la serie de oraciones dedicadas a la Virgen. Como sucede en el catolicismo, los seguidores de la Santa Muerte también rezan el rosario solos, en la privacidad de sus hogares; pero su rezo colectivo y público constituye uno de los rituales decisivos del culto. Doña Queta organizó los primeros rosarios públicos en su altar en 2002 y desde entonces esta práctica ha proliferado en todo México y se ha incrementado en los Estados Unidos. Tan solo en la ciudad de México miles de creyentes participan en las docenas de rosarios que se celebran cada mes en las colonias más peligrosas, como Iztapalapa –en crecimiento descontrolado– y Tepito.

Al ser el más antiguo y al que más gente asiste, el rosario mensual de doña Queta permite dar un fascinante vistazo al rápido crecimiento del aspecto público del culto. Celebrado el día primero de cada mes, el icónico rosario atrae a creyentes de todos los rincones de la enorme área metropolitana. Muchos devotos llegan al memorable altar por la mañana, mucho antes de la media tarde, que es cuando empieza el oficio, a fin de conseguir un espacio privilegiado en la banqueta, contiguo al famoso altar, para colocar sus estatuillas de la Huesuda. Al haber pasado un tiempo significativo en el altar y el mercado cercano en donde se ven artículos falsificados y de contrabando, me sorprendió la transformación que había sufrido el lugar cuando visité el altar el primero de agosto de 2009. Devotos y vendedores por igual habían transformado la calle lateral –normalmente tranquila–, llamada Alfarería, en una animada combinación de sitio de peregrinación, carnaval y mercado al aire libre. Aunque me sentía decepcionado por no haber podido asistir al rosario del mes anterior, en ese momento me entusiasmaba poder participar en el ritual colectivo del culto de importancia fundamental.

Mi esposa, mi hija y yo llegamos de Morelia esa mañana en un autobús y, al salir de la estación del metro Tepito a media tarde nos encontramos en medio de una abrumadora multitud de devotos y de transeúntes. En improvisados puestos situados en ambos lados de la calle a lo largo de tres cuadras –desde la estación del metro hasta la calle de Alfarería–, se pregonaba todo tipo imaginable de objetos de la Santa Muerte, entre ellos productos en aerosol y sudaderas con motivos estampados. Sin embargo, las veladoras –disponibles en los siete colores– y las figurillas eran los objetos más económicos y abundantes en las mesas plegables, donde los vendedores de la Santa Muerte ofrecían sus productos. Poco a poco nos abrimos paso hacia la casa de doña Queta, deteniéndonos a observar a algunos devotos que, en cumplimiento de votos hechos a la Niña Blanca, se aproximaban al altar de rodillas, del mismo modo que los católicos llegan a la Basílica de Nuestra Señora de Guadalupe y a otros sitios de peregrinación. Avanzando lentamente sobre sus rodillas, con la ayuda de un familiar que suavizaba el implacable concreto con cartones, Claudia, una joven veinteañera, nos dijo que se encontraba feliz de cumplir una promesa hecha a la Dama Poderosa, que había salvado a su hija recién nacida de una enfermedad mortal.

Mientras paseábamos sin prisa entre los últimos puestos de objetos religiosos, tomando algunos videos en el trayecto, uno de los vendedores nos llamó y nos aconsejó que escondiéramos la cámara porque el lugar estaba «lleno de ladrones». Bien conscientes del peligro, ignoramos el sabio consejo del vendedor y filmamos todo lo que pudimos. Cuando llegamos a la famosa calle, no podía creer que fuera el mismo lugar tranquilo que había visitado tantas veces. Los devotos de la Santa Muerte y los espectadores se habían hacinado en las banquetas y en la estrecha calle. Aunque había personas de todas las edades, predominaban los hombres jóvenes, adolescentes, veinteañeros y treintañeros. El humo del tabaco y de la mariguana llevado por la brisa del verano y mezclado con los vapores del alcohol de cientos de latas de cerveza y botellas de licor producía una atmósfera intoxicante. Las miles de estatuillas, e incluso algunas estatuas de tamaño natural, colocadas en el pavimento o cargadas como bebés no hacían sino acrecentar el ambiente alucinante. Aparecían efigies de la santa esquelética vestidas de rojo, negro y morado; las había talladas a mano y hechas en serie; eran de resina, de madera, de acrílico o de papel maché, e incluso una de ellas estaba vestida con un atuendo de combate de caqui con una bandolera cargada que le cruzaba el pecho. Cada vez que giraba la cabeza me llamaba la atención alguna otra figura con una imagen singular en lo que constituía nada menos que un carnaval de Santas Muertes.

Con tal orgía de imaginería realmente era difícil estar atento a los ladrones. Al parecer, mi hija y yo éramos los únicos extranjeros evidentes en la multitud, y a mi esposa, que mide más de 1.70 m y es de piel blanca, a menudo los mexicanos la toman por gringa o europea. Inmediatamente después de que encontramos un lugar ideal en la banqueta frente a un restaurante que había cerrado durante el día, doña Queta tomó un micrófono y con algunas malas palabras pidió a la multitud de creyentes que desalojaran con rapidez la calle en cuanto hubiera terminado el oficio, para que no fueran presa de los «chingados ladrones». Curiosamente, en un barrio en donde los residentes temen a los policías tanto como a los rateros, si no es que más, Enriqueta suplicó a los devotos de la multitud que quienes tuvieran algún pariente en la policía le pidieran intervenir para que oficiales uniformados –de los cuales no había ninguno a la vista– estuvieran presentes en los oficios futuros. A causa de estas preocupaciones por la seguridad, la madrina del culto ya había cambiado la hora del rosario, que inicialmente era a la medianoche, para las ocho de la noche. Después, con el fin de evadir el anochecer, la pionera de la devoción, a quien sus seguidores consideran una bruja, cambió de nuevo la hora de este ritual a la que tiene hoy en día: las cinco de la tarde. Cuando el mariachi que una devota había contratado para dar una serenata a la Niña Bonita terminó su última canción, antes de que iniciara el oficio, doña Queta pasó el micrófono a su hijo, quien dio la bienvenida a la multitud y comenzó el rosario de la Santa Muerte con una petición a Dios para que permitiera invocar el nombre de la santa esquelética.

En un tono monótono, que recordaba al de algunos sacerdotes católicos, Romero dirigió a los devotos de la Santa Muerte a lo largo del rosario, que duró una hora, ajustándose en gran medida a la versión impresa que me había dado su madre. Sin entrar en las minucias de la oración épica, nos centraremos en algunos aspectos destacados. Al igual que en la novena, la Niña Bonita es la protagonista del rosario. Pero, en este caso Dios, Jesús y María desempeñan papeles importantes como actores de reparto en el Padre Nuestro, el Ave María y el Gloria, que se repiten a lo largo de todo el rosario. Sin embargo, la mayoría de los devotos había asistido para pedir a la Santa Muerte un milagro específico o para agradecerle uno ya otorgado. El conjunto de plegarias temáticas incluidas en el rosario reflejaban esta realidad. Al dirigir el rosario, Romero puede escoger uno entre diversos temas, como el empleo, la enfermedad, la muerte, los prisioneros, los adictos a las drogas, impedir las acciones de los enemigos y, desde luego, la protección.

En lugar de solicitar la ayuda de la Virgen, como se hace en la versión católica, los devotos en la casa de doña Queta recurren a la Santa Muerte. La casi absoluta sustitución de la Madre de Dios por la Santa Muerte se ve reflejada en la última oración: «Contigo voy, Santísima Muerte, y en tu poder voy confiado, pues yendo de ti amparado, mi alma volverá segura. Dulce Madre, no te alejes, tu vista de mí no apartes. Ven conmigo a todas partes y solo nunca me dejes, y ya que me proteges tanto como verdadera madre, haz que me bendiga el Padre, el Hijo y el Espíritu Santo. Amén». En la *Oración de la guadaña protectora*, la Huesuda, más que una dulce madre, es una Dama Poderosa que utiliza un instrumento letal para proteger a sus hijos espirituales.

> Mi Niña Blanca, a tus pies me postro para pedirte, para suplicarte, hagas sentir tu fuerza, tu poder y tu omnipresencia contra los que intenten destruirme. Mi Niña Blanca, te imploro seas mi escudo y mi resguardo contra el mal, que tu guadaña protectora corte los obstáculos que se interpongan. Mi Niña, que se abran las puertas cerradas y se muestren los caminos. Blanca mía, no hay mal que tú no puedas vencer ni imposible que no se doble ante tu voluntad; a ella me entrego.

LA MISA DE LA MUERTE

Mientras cientos de devotos rezaban el rosario al unísono, la dura calle de Alfarería se convirtió en un santuario al aire libre. A un par de metros de donde me encontraba, le corrían las lágrimas por las mejillas de querubín a una adolescente punk vestida de negro de pies a cabeza que sostenía en las manos una estatuilla de la Santa Muerte vestida de novia. Me pregunté si tendría problemas en su casa. Muchos otros devotos parecían experimentar emociones intensas similares mientras rezaban las oraciones colectivas. Sin embargo, como sucede en la mayor parte de los acontecimientos religiosos a los que asisten las clases trabajadoras, como las misas, un importante número de asistentes se ocupaban de otras actividades, como charlar con amigos y parientes, cambiar pañales, enviar textos o hablar por sus teléfonos celulares. En este caso, lo sagrado y lo profano se mezclaban libremente, negándose a restringirlos a espacios separados. Teniendo en cuenta las advertencias de doña Queta de apresurarse a regresar a casa tras el fin del oficio, los tres nos fuimos directamente a la estación del metro Tepito mientras los devotos concluían las últimas oraciones. La guadaña de la Sombría Segadora, que en la forma de un tatuaje le habían estampado en el brazo a mi hija sin que ella lo hubiera solicitado, al parecer nos protegió mientras nos dirigíamos con rapidez hacia nuestro hotel a causa de los posibles peligros.

Mientras que decenas, si no es que cientos, de rosarios de este tipo tienen lugar mensualmente en ambos lados de la frontera, a diario se celebran misas de la Santa Muerte, en especial en templos de Los Ángeles y la ciudad de México. Romo, el «arzobispo» de la Santa Muerte, fue pionero de las misas, en parte como una forma de diferenciar sus oficios de los de su principal rival, doña Queta. Emulando al movimiento católico carismático, el padre Romo creó misas temáticas dedicadas a las principales preocupaciones de los creyentes. Los devotos que están enfermos o «poseídos por el demonio» pueden asistir los jueves a dos misas diferentes. Al mediodía la iglesia ofrece una misa de exorcismo y liberación, y a las cinco celebra un oficio de sanación. Al integrar dos grandes atractivos del cristianismo carismático en su marca del culto a la Santa Muerte, Romo creó un híbrido religioso muy interesante que tiene la posibilidad de atraer a muchísimos devotos nuevos con su mezcla heterodoxa de un cristianismo lleno de vida y un culto neogótico de la muerte. Experto en la mercadotecnia religiosa, el padre Romo también elaboró un nuevo oficio del culto para sus principales partidarios. El sitio web de la Iglesia invita a los creyentes a llevar una fotografía de su preso a la misa para los prisioneros, que se celebra los viernes por la tarde.[10] Este es el único oficio de la Iglesia dedicado a un grupo específico de gente, lo cual refleja el gran porcentaje de creyentes que tienen parientes y seres queridos en las prisiones.

LA MUERTE EN LA CIUDAD DE ÁNGELES

Además de la misa, tanto la Santa Iglesia Católica Apostólica Tradicional México-Estados Unidos del padre Romo como el Templo Santa Muerte de Los Ángeles, situado en la avenida Melrose, ofrecen una gama completa de sacramentos y oficios similares a los católicos. Los profesores Sysiphus y Sahara del Templo Santa Muerte celebran bodas, bautismos y, a diferencia del «arzobispo» Romo, rosarios mensuales. Los dos líderes del culto, que afirman ser ahijado y ahijada de la santa esquelética, también enseñan una mescolanza de materias derivadas de las creencias *new age*, de la magia y de la parapsicología. Resulta curioso que ninguno de los 19 cursos que se anuncian en su sitio web mencione a la Santa Muerte. Entre las clases, las cuales al parecer son completamente gratis, se encuentran las siguientes: Chakras (auras), Terapia Mágica (baños de plantas), Vidas Pasadas (regresiones y vida kármica), Ángeles (santos y ángeles. Sí, hay karma, infierno, demonio) y Numerología (cábala).

Los dos líderes del templo emigraron de México, donde, de acuerdo con su semblanza, la profesora Sahara experimentó un viaje espiritual poco común que la llevó al templo de la Flaquita:

Originaria del estado de Oaxaca, a la edad de 9 años encontró a Jesucristo, quien le dijo que respondería a todas sus peticiones solo si ella dejaba su lugar de nacimiento. A la edad de 30 años se le cumplieron todas sus peticiones. Sin embargo, tras sufrir un accidente que la dejó en estado de coma, se reencontró con Jesucristo, quien le dijo que había llegado el tiempo de que empezara su misión y ella decidió refugiarse en la religión, pero no encontró la senda hasta que, a la edad de 37 años, un día se topó con la Santa Muerte. Y así es como la profesora Sahara comenzó su viaje espiritual.

El esbozo biográfico del profesor Sysiphus, por el contrario, no hace referencia a pasado cristiano alguno en su estado nativo, Nayarit, ni a su ocupación anterior como boxeador. En cambio, hace hincapié en su aprendizaje con dos chamanes mexicanos, el segundo de los cuales «le enseñó cómo hablar con la Santísima Muerte». Los dos ahijados de la Santa Muerte poseen un sitio web (http://templo-santamuerte.com), que es más sofisticado que el de David Romo. Una sala de chat nocturno, transmisión continua de música y grabaciones multimedia de misas permiten una interconexión mucho más amplia con los devotos. Por el contrario, el sitio de Romo a menudo está caído o es extremadamente lento.

A unos cuantos kilómetros de allí, en el corazón de la comunidad de inmigrantes mexicanos y centroamericanos de la ciudad, cerca del parque MacArthur, el Santuario Universal Santa Muerte no tenía un sitio en la web, pero parecía atraer a más devotos que el otro templo situado en la avenida Melrose. El profesor Santiago Guadalupe, chamán de la Santa Muerte desde tiempo atrás, procedente de Catemaco, Veracruz –población famosa por sus brujos–, fundó la Iglesia en 2003. En el transcurso de mi visita, en diciembre de 2009, la Iglesia, que tiene una tienda al frente y se localiza en un ruinoso centro comercial al aire libre, recibió un flujo constante de devotos de la Santa Muerte. En la entrada del templo, una estatua realista de un perro de caza con ojos rojos y mirada siniestra cuidaba la puerta para que no entraran en el espacio sagrado quienes tuvieran intenciones dudosas. Mientras esperaba mi cita con el profesor Santiago, tomé película del santuario y examiné el altar. Una efigie de tamaño natural de la Huesuda de pie sobre un trono dorado y vestida con una túnica de satén, como de reina, ocupaba el centro del altar. Entre las ofrendas comunes que había en el altar, me llamaron la atención algunas inusuales. A unos días de la Navidad, bastones de dulce a rayas rojas y blancas colgaban del brazo flaco de la Santa. Recortes infantiles de Santa Claus y de sus renos pegados en las paredes se sumaban a la imaginería de la temporada, lo cual me hacía pensar en la flexibilidad y el carácter inclusivo del culto. Y para mi gran sorpresa, después de haber reflexionado durante bastante tiempo sobre la ausencia de refrescos en los altares de México, divisé una lata de Coca Cola parcialmente oculta por las ofrendas de cerveza Corona y Tecate y de tequila José Cuervo que se encontraban a su alrededor. Posteriormente, esa tarde el profesor Santiago explicó que, un día de noviembre en que hacía un calor abrasador, un devoto había ofrecido un refresco helado a la santa esquelética, que se moría de sed; además, agregó que los creyentes eran libres de obsequiar a su patrona lo que desearan. No se explicaba por qué yo nunca había visto refrescos en los altares de México, con lo que me incitó a seguir meditando sobre el enigma.

Otra novedad se reveló ante mis ojos mientras seguía esperando a que apareciera el profesor. Vi cómo un devoto de unos 40 años que estaba sentado en la primera banca se santiguaba con una vela votiva negra encendida, que luego colocó al pie del altar, entre docenas de otras veladoras. En todo el tiempo que había pasado en el altar de doña Queta, nunca había visto que se le ofreciera una veladora negra a la Dama Poderosa. Desde luego que me daba gran curiosidad saber la naturaleza de la ofrenda que acababa de presenciar, pero pensé que sería mejor no abordar a los devotos sin el consentimiento del profesor Santiago. Deseoso de averiguar si había más veladoras negras de lo acostumbrado, me acerqué al altar. En efecto, había más, pero no muchas más. Con mucho, las blancas y las rojas superaban a las negras, cuyo número era similar al de las veladoras doradas, las cuales se ofrecían a la Sombría Segadora para pedir prosperidad. Más tarde, durante la entrevista largamente esperada, el chamán de la Santa Muerte dijo que las veladoras de color carmesí, alineadas con cuidado en un estante de la despensa adyacente a su oficina, eran las más vendidas en la iglesia, seguidas de las blancas.

Tal vez aún más interesantes que las ofrendas de veladoras negras, de latas de Coca Cola y de bastones navideños de dulce resultaban los dos tipos de objetos prendidos con alfileres a la túnica de la santa esquelética. Una insignia muy similar a la de los funcionarios del Departamento de Policía de Los Ángeles, que pertenecía a un guardia privado de seguridad, estaba sujeta en la parte izquierda del pecho. Esto representaba un perfecto símbolo de su poder de protección y de asociación con el crimen y el castigo. El profesor Santiago confirmó que un guardia de seguridad la había ofrecido a la Santa Muerte como agradecimiento por haberlo cuidado con su guadaña protectora de los peligros de su trabajo. También sujetos a su manto con alfileres había docenas de peticiones y de notas de agradecimiento, casi todas escritas en hojas de cuaderno rayadas. Esta costumbre también se ha importado del catolicismo popular de México y el resto de América Latina, en donde miles de estatuas de santos, tanto canonizados como populares, están tapizadas de papeles con oraciones. La mayor parte de los papeles estaban doblados para que no se viera su contenido, pero había algunos que no lo estaban. Plegado a la altura de la rodilla en el manto completamente blanco de la efigie, la nota más visible decía: ABOGADA MARTHA GAINES, ZURAWSKI, JARDINE Y HOUSTON – DEMANDA # REDACTADA. Martha Gaines es una abogada de Los Ángeles que se especializa en juicios de compensaciones para los trabajadores, de modo que el autor de la nota trató de involucrar la ayuda sobrenatural de la Dama Poderosa en un proceso legal. Lo más probable es que Gaines no tuviera la menor idea de que sus servicios legales se anunciaran en el Santuario Universal Santa Muerte. Más arriba, a la altura de la cintura, otra petición sujeta al manto, que estaba desdoblada, decía: HAZ QUE ARMANDO SE MANTENGA ALEJADO DE MI HIJA PARA SIEMPRE Y AYUDA A JAIME A ENCONTRAR TRABAJO. Reforzando el tema omnipresente del encarcelamiento, la última nota visible de oración, sujeta con un seguro al brazo derecho de la Niña Blanca, y que se hacía eco de miles de súplicas similares que piden devotos desesperados todos los días en ambos lados de la frontera, decía: QUIERO QUE MI PAPI SALGA DE LA CÁRCEL.

Cuando imaginaba a la pequeña niña que extrañaba a su padre encarcelado, el profesor Santiago finalmente salió de un corredor oscuro que conectaba las oficinas y la tienda de objetos religiosos con el santuario. Con rasgos indígenas clásicos, cabellos largos y sueltos, barba rala parecida a la del Che Guevara y una mirada penetrante, tenía toda la pinta de representar el papel de un chamán de Catemaco. Generosamente me concedió casi dos horas de su tiempo, durante el cual reveló, entre otros aspectos, algunas prácticas rituales que aún no había encontrado en mi investigación en México. El ritual que me pareció más significativo es el que él oficia y en el cual los hombres devotos celebran nupcias con la Santa Muerte durante un período de seis meses. Con el objetivo de simbolizar la devoción total a la Niña Bonita («hasta que la muerte nos separe»), en el matrimonio abreviado se requiere abstinencia sexual, además de otros sacrificios.

Santa Muerte en Tepito

Así, en la iglesia más importante de Los Ángeles, una ciudad que alberga más mexicanos que ninguna otra, salvo la ciudad de México, la Dama Poderosa ha desarrollado más su identidad femenina, añadiendo el papel de esposa al del ya bien establecido de madre.

Un gran sentido de la historia y del espíritu empresarial llevó al profesor Santiago a realizar otra notable innovación ritual. Mensualmente se celebran oficios dedicados a cada uno de los tres colores históricos de la santa esquelética. Los creyentes que buscan una solución para problemas románticos o emocionales pueden asistir al oficio rojo de la Santa Muerte, en el cual la estatua del altar está ataviada con túnica carmesí. Los devotos que buscan protección de los hechizos maléficos y de los enemigos peligrosos pueden orar a una Sombría Segadora con túnica negra en otro oficio. Y los que quieren agradecer un favor recibido o desean purificar sus almas pueden comunicarse con la Niña Blanca, que presidía los trabajos el día que yo visité el templo. Tales innovaciones rituales también se deben a un empresario religioso inteligente que sabe que en el mercado competitivo de la fe, las empresas espirituales deben ofrecer productos y oficios atractivos. Los oficios de tres colores del profesor Santiago constituyen un brillante ejemplo de diferenciación marginal de un producto estandarizado. En otras palabras, el Templo Santa Muerte, situado a unos cuantos kilómetros de este y la iglesia de David Romo, en la ciudad de México, ofrecen los oficios, o el producto, estandarizados. En cambio, el profesor Santiago ha tomado el producto estandarizado y lo ha modificado con gran colorido. Tal como mostré en una obra anterior,[11] esta producción y mercadotecnia religiosas constituyen una parte común de la economía religiosa de libre mercado, en la cual emprendedores espirituales inteligentes son conscientes de que el destino de sus empresas depende de los consumidores, quienes pueden elegir entre cientos, si no es que miles, de marcas de la fe. Junto con sus oficios y rituales novedosos, el profesor Santiago, al igual que sus competidores de Los Ángeles y de la ciudad de México, ofrece bautismos, bodas, rosarios, novenas, exorcismos, limpias y asesoriamiento espiritual individual.

NOTAS

[1]   htpp://www.huffingtonpost.com/r-andrew-chesnut/death-to-santa-muerte-the-vatican-vs-the-skeleton-saint_b_3291499.html

[2]   Chris Hawley, «Catholic church upset by Mexico's St. Death», *Arizona Republic*, 18 de octubre de 2004, en http://www.religionsnewsblog.com/9024

[3]   Citado en Eva Aridjis (dir.), *La Santa Muerte*, Navarre, 2008.

[4]   Graziano, *Cultures of Devotion: Folks Saints of Spanish America*, Nueva York, Oxford University Press, 2007, p. 77.

[5]   Citado en Eva Aridjis, *La Santa Muerte*.

[6]   *Terra*, «Culto a la muerte en México atrae a policías y ladrones», 14 de mayo de 2004, en http://noticias.terra.com/articulo/ttml/act176123

[7]   Graziano, *Cultures of Devotion...*, p. 275.

[8]   *CNN.com*, «Reputed Mexican drug lord on Forbes most-powerful list», 13 de noviembre de 2009, en http://www.cnn.com/2009/CRIME/11/13/forbes.mexico.guzman/index.html

[9]   *Mundo Esotérico*, 31 de marzo de 2010, en http://magiarecetashechizos.blogspot.com/2010/03/oracion-la-santa-muerte-para-evitar.html

[10] *La Santa Muerte Online Community*, «Único santuario nacional de la Santa Muerte», 16 de septiembre de 2010, en http://www.santamuerte.org/santuarios/mexico/3039-unico-santuario-nacional-de-la-santa-muerte.html

[11] Chesnut, *Competitive Spirits: Latin America's New Religions Economy*, Nueva York, Oxford University Press, 2003.

CAPÍTULO 3

⬦-⬦-⬦-⬦-⬦

VELADORA NEGRA
PROTECCIÓN Y DAÑO

ESTE CAPÍTULO SOBRESALE POR SER EL más significativo de este libro. Aunque ya he mostrado que la negra no es una de las velas votivas más populares entre los devotos, eclipsa por completo a los otros colores del culto en los medios masivos de comunicación y en gran parte de la percepción que el público mexicano tiene sobre la Santa Muerte. En parte a esto se debe que me haya esforzado notablemente en hacer hincapié en la identidad variopinta de la Santa. La mayoría de los reportajes en los medios y las películas solo muestran el lado oscuro del culto. La generalidad de los estadounidenses y de los mexicanos no creyentes tienen poca idea de que, por ejemplo, la Flaquita cura enfermedades, encuentra empleo y ayuda a los alcohólicos y a los drogadictos en su lucha contra las adicciones. En capítulos posteriores se examinarán los papeles menos conocidos de la santa esquelética como curandera y agente de empleo, entre otros. Sin embargo, ahora nos ocuparemos de la Santa Muerte decididamente no cristiana, y a menudo amoral, a quien se le pide realizar todo tipo de acciones oscuras.

Los informes de los trabajos de campo antropológicos de mediados del siglo XX aluden solamente a la Santa Muerte de la veladora carmesí del amor y la pasión. No obstante, al castigar a los esposos y a los novios descarriados, amarrándolos y entregándolos postrados a los pies de las mujeres agraviadas, la Dama Poderosa demostraba que podía ser un formidable agente de venganza. Al parecer, hasta finales de la década de 1980, su papel de ángel vengador se limitaba a asuntos del corazón, actuando principalmente en beneficio de las esposas y las novias celosas que tenían parejas infieles. Sin embargo, cuando su papel de vengadora se amplió y pasó de ser una simple perseguidora de los hombres mexicanos con malos comportamientos a convertirse en la ejecutora de encomiendas más peligrosas, ella y sus seguidores supieron mantener la veladora negra escondida de la mirada pública.

SECUESTROS MORTALES

La santa esquelética terminaría su existencia clandestina, que duró largos siglos, a finales de la década de 1980 y principios de 1990. Se recordará que la Sombría Segadora recibió una amplia cobertura nacional por primera vez en 1998 con el arresto del Mochaorejas, el famoso secuestrador mexicano a quien la policía permitió llevarse una figurilla de su santa matrona a la prisión. Las brutales acciones del Mochaorejas y su banda ocuparon las primeras planas de los principales periódicos mexicanos, los cuales le dieron una amplia cobertura a esta noticia. El Mochaorejas marcó nuevos caminos en la industria mexicana del secuestro, una empresa delictiva que en México actualmente ocupa el primer lugar en el mundo por raptos anuales, por encima de Brasil y Colombia. Y aunque muchos estadounidenses lo ignoren, la práctica del secuestro de personas para pedir rescates ha traspasado rápidamente la frontera de México, y Phoenix se ha convertido en la capital del secuestro en los Estados Unidos, con 358 casos registrados en 2008.

Aunque la Madrina atrajo la atención nacional en México por primera vez en 1998, su debut en los medios –aunque en una escala menor a la del relato del Mochaorejas– tuvo lugar una década antes, en 1989. Un narcotraficante cubano-estadounidense, Adolfo Constanzo, encabezaba una banda de traficantes en la ciudad fronteriza de Matamoros en la década de 1980. La búsqueda de un estudiante universitario de Texas que había desaparecido, Mark Kilroy, condujo a la policía al rancho de Constanzo, situado en las afueras de la ciudad, en donde se descubrió una escena dantesca. La policía encontró restos humanos –entre ellos los del estudiante desaparecido– depositados en calderos de sacrificios y enterrados en la propiedad. Denominados *narcosatánicos* por la prensa mexicana, Constanzo y su banda practicaban una forma pervertida de la religión afrocubana llamada *palo mayombe*, mezclada con prácticas ocultistas mexicanas. Constanzo y sus narcosatánicos secuestraron y sacrificaron ritualmente a por lo menos 14 personas en el rancho. Entre los calderos, las calaveras, las dagas y otros objetos recuperados en la escena del crimen, se encontró una estatua de la Santa Muerte.[1] No se sabe con claridad qué papel desempeñaba la Santa en el culto de los narcos, pero este hecho constituyó su debut en los medios de comunicación como una Sombría Segadora siniestra vinculada al sacrificio humano ritual y el tráfico de drogas.

EL COMERCIO DE DROGAS Y DE MUERTE

Aunque se ha aprehendido a toda clase de delincuentes en ambos lados de la frontera México-Estados Unidos con objetos de la Dama Poderosa, los que reciben más atención de los medios de comunicación por su devoción a la santa de la muerte son los traficantes de drogas. A medida que en México la industria ilícita de drogas se ha convertido en un negocio de miles de millones dólares y en una de las principales fuentes de ingresos de este país, la Huesuda ha suplantado rápidamente a Jesús Malverde –excepto en su estado natal, Sinaloa– como la santa matrona tanto de los narcos como de los agentes de la ley encargados de atacar el comercio de drogas. Muchos traficantes de heroína, mariguana, cocaína y metanfetaminas ofrecen veladoras negras a la Santa Muerte para solicitarle tanto protección contra narcotraficantes rivales y agentes antidrogas, como daño y mal para dichos adversarios. Como arma defensiva, la guadaña de acero de la Madrina protege a decenas de miles de mexicanos que trabajan para diversos cárteles de las balas disparadas por miembros de bandas contrincantes, policías y soldados. También los protege de los cuchillos y machetes, e incluso de las tinajas de ácido usadas por los asesinos de los cárteles. Conocido como el Pozolero, Santiago Meza López, sicario del Cártel de Tijuana, afirmó haber disuelto en calderos de ácido alrededor de trescientos enemigos de su jefe. Obtenía ganancias de 31 000 dólares al año por liquidar a las víctimas que le señalaba su empleador. Pero Meza López, con un deformado sentido de la caballerosidad, se negaba a disolver a las mujeres en las tinajas, y prefería matarlas de manera más «humana».[2] Muchísimos devotos que trabajan en todos los niveles de esta

industria criminal tan lucrativa imploran a la santa de la muerte para
que les prolongue la vida e impida que sufran una muerte tan horrible
como esta, pues saben que este comercio tan riesgoso muy bien puede
conducirlos hacia una muerte violenta. Asimismo, los narcos piden a
la Niña Blanca que cuide su preciosa mercancía, y que con su manto
negro oculte sus toneladas de píldoras, polvo y pasta de la vista de la
DEA, del Ejército mexicano y de la policía federal. Con el impresionante
beneficio de un 600% por la venta de las drogas, los traficantes toman
toda clase de medidas, tanto naturales como sobrenaturales, para garantizar la seguridad e integridad de su producto.

San la Muerte

Antes de profundizar en el complejo papel de la Santa Muerte, tanto en la propagación y protección del comercio mexicano de drogas como en su combate, será útil definir las características de una industria que recientemente ha convertido a México en lo que algunos llaman un *narcoestado*, y en uno de los lugares más violentos del mundo. En las exposiciones y en los debates sobre la política hacia las drogas que tienen lugar en los Estados Unidos, a menudo se oculta el importante hecho de que este país constituye el mercado de narcóticos y estimulantes más grande del mundo. Por ejemplo, los aproximadamente siete millones de cocainómanos de los Estados Unidos consumen 45% de toda la cocaína que se vende en el mundo, droga que constituye un estimulante sumamente adictivo. Dada la colindancia de México con el mercado negro de drogas más grande del mundo, solo fue cuestión de tiempo que dicha nación capitalizara su ventaja geográfica y se convirtiera en el principal abastecedor de sustancias psicotrópicas ilegales a su vecino del norte. Si bien es cierto que México y Colombia, así como muchas otras naciones latinoamericanas, han atestiguado el reciente incremento de la demanda doméstica de drogas psicoactivas, el tamaño de las ganancias obtenidas en sus mercados internos resulta insignificante comparado con las que se consiguen en los Estados Unidos. Muchos lectores ya sabrán que la hegemonía regional mexicana en el mercado de las drogas es relativamente nueva. A lo largo de la década de 1980 y hasta la de 1990, los traficantes mexicanos eran, en gran medida, los socios minoritarios de sus más sagaces contrapartes colombianas. Pero una guerra de miles de millones de dólares subsidiada por Washington contra los cárteles colombianos de Medellín y Cali, así como la creciente sofisticación de las mafias mexicanas, contribuyeron a crear una nueva configuración, en la que los cárteles de Sinaloa, del Golfo, de La Familia Michoacana, de Tijuana y de Juárez se convirtieron en los amos de sus propios territorios y en los socios mayoritarios de los colombianos, quienes transportan 93% de su cocaína destinada a los Estados Unidos a través de México.[3]

La combinación de las extraordinarias ganancias y de la ilegalidad de la industria ha dado como resultado el paroxismo de una violencia que se ha apoderado de México, especialmente durante los últimos tres años. Cuando los cárteles mexicanos competían entre sí para suplantar a los colombianos, los jefes del narcotráfico empezaron a emplear sicarios cada vez con mayor frecuencia a finales de la década de 1980 y a principios de la década de 1990. Durante este período, los pistoleros de los cárteles se atacaban principalmente entre ellos, con embestidas ocasionales a las policías locales y con «daños colaterales» de civiles atrapados en el fuego cruzado. Los presidentes mexicanos Ernesto Zedillo (1994-2000) y Vicente Fox (2000-2006) dispusieron arrestos esporádicos de narcos de alto perfil y la incautación de drogas, pero ninguno de los dos declaró la guerra a los cárteles (al menos no enfocada en casos particulares) de la manera en que lo hizo el presidente Felipe Calderón (2006-2012).

Calderón, quien tras una elección que fue tan cerrada y controvertida como la de Gore y Bush en 2000 ocupó la Presidencia en diciembre de 2006, había suscitado expectativas de que la creación de empleos sería su principal objetivo. Desde Chihuahua hasta Chiapas, el candidato Calderón se calificó a sí mismo como «el presidente del empleo» y prometió «manos limpias [...] para que podamos vivir mejor».[4] Durante los primeros meses de su administración resultó claro que, a pesar de sus lemas de campaña, iba a concentrarse en desplegar una guerra a gran escala contra las drogas. Las policías de todos los niveles, y sobre todo el Ejército, serían movilizados para combatir a los cárteles. Algunos críticos acusaron a su administración de desplegar no tanto una guerra general contra el narcotráfico, sino una campaña focalizada que favorecía a ciertos cárteles.[5]

Cualquiera que sea la verdad, la guerra contra las drogas de Calderón incrementó la violencia a una escala sin precedentes, y se calcula que alrededor de 70 000 mexicanos murieron durante su mandato de seis años. Con la captura y el asesinato de algunos destacados jefes de los cárteles –entre ellos Arturo Beltrán Leyva, alias La Muerte, quien como jefe del Cártel de los Beltrán Leyva era considerado el tercer delincuente más buscado–, un torbellino de violencia cubrió a la nación. Tanto los combates entre los diversos cárteles como las pugnas internas de estas organizaciones han aumentado en forma evidente, debido a que la remoción de los jefes a menudo desencadena luchas en las que facciones bien armadas se disputan el liderazgo interno de las bandas del narcotráfico, mientras que al exterior los cárteles rivales tratan de capitalizar el vacío de poder. La guerra contra las drogas de Calderón, al haber convertido a la policía y al Ejército en los principales agentes de la seguridad y de la interdicción, también incrementó la violencia. A pesar de algunos casos relevantes que han destacado los medios de comunicación, hasta ahora el Ejército ha sufrido muy pocas bajas. Las policías municipales, que han permanecido en el anonimato, han pasado tiempos más difíciles que sus contrapartes estatales y federales, al ser las más afectadas por las contraofensivas de los cárteles.

Mientras realizaba investigaciones en Michoacán en julio de 2009, el cártel de La Familia Michoacana lanzó uno de los contraataques más desenfrenados contra las fuerzas del Gobierno de que se tenga noticia hasta la fecha. En un período aproximado de 24 horas se encontraron los cadáveres de 12 oficiales de la policía municipal a orillas de la autopista que une a Morelia con Lázaro Cárdenas, un puerto importante de la costa del Pacífico. Se les había disparado a corta distancia, al estilo de una ejecución. Y después de regresar a casa me enteré de una masacre en Ciudad Juárez, en la que pistoleros del Cártel de Juárez ametrallaron a un grupo de adolescentes que asistían a una fiesta por la noche, y mataron a 16 de ellos. Al parecer, ninguno de los adolescentes muertos estaba involucrado en el comercio de drogas; pero los asesinos los confundieron con miembros del cártel rival de Sinaloa. En pocas palabras, la gran ofensiva de Calderón contra los cárteles, apoyada por los presidentes Bush y Obama, produjo un baño de sangre que ha continuado durante los primeros meses de la presidencia de Enrique Peña Nieto. Tanto el Gobierno mexicano como los cárteles han mantenido a la Sombría Segadora extremadamente ocupada en su papel tradicional de segadora de almas.

Los medios de comunicación mexicanos y estadounidenses quisieran hacernos creer que el papel de la santa esquelética en la guerra contra las drogas es simple y claro. Es la santa patrona de los narcos, que desempeña tanto una función defensiva como ofensiva para los miembros de los cárteles que la veneran. Y al ser uno de los principales símbolos de la narcocultura, junto con los narcocorridos y ciertas películas, modas y vehículos (Hummers, Escalades, Suburbans y camionetas Ford F, todos ellos de color negro), la administración de Calderón la consideró el enemigo religioso número uno. La gran ironía es que no pocos policías y soldados rasos son devotos de la Niña Bonita. La atracción que ejerce en todos los flancos de la guerra contra las drogas puede observarse en el impresionante crecimiento de su culto y en la gran seducción que despliega en las personas, cuyo campo de trabajo les confiere un agudo sentido de su propia mortalidad. Aunque todos nosotros nos levantamos cada mañana sin saber si este será nuestro último día en la Tierra, para los distribuidores de drogas mexicanos y los oficiales de policía por igual, la posibilidad real de que cada día puedan sufrir una muerte violenta les da una mayor conciencia de su propia finitud. ¿Y quién mejor para cuidar a los que viven constantemente en peligro que ella, que tiene el poder de preservar y extinguir la vida?

Que la administración de Calderón tuviera en la mira a la Santa Muerte en la guerra contra los cárteles en gran parte se debe al impresionante número de narcos que han sido aprendidos con objetos de la Dama Poderosa entre sus posesiones, o capturados o asesinados en casas de seguridad que poseen altares de la Santa. Durante las últimas décadas se han vuelto rutinarios los arrestos y asesinatos de distribuidores de drogas de bajo nivel a los que se les han encontrado evidencias de la devoción a la Huesuda. Lo que resulta más insólito es la detención de jefes y pistoleros de los cárteles de alto rango que ostentan tatuajes, colgantes y pistolas con grabados de la Santa Muerte. El primero de los jefes de los cárteles que encabezó los titulares de los diarios fue Gilberto García Mena, del Cártel del Golfo. En abril de 2001, el Ejército Mexicano tomó por asalto su mansión en una pequeña población de Tamaulipas y encontró a García Mena escondido en un búnker subterráneo y a la Santa Muerte en un jardín de la casa.[6] Más recientemente, en 2006, los asesinos adolescentes pertenecientes al narcotráfico, Gabriel Cardona y Rosalío Reto, aparecieron en las páginas de un sitio web, Hollywood Celebs Gossip, mostrando tatuajes de la Santa Muerte en sus espaldas. Los jóvenes, que radicaban en Laredo, Texas, habían asesinado a numerosas personas a ambos lados de la frontera para el conocido cártel de Los Zetas.

La devoción de cierto capo del narcotráfico hacia la Niña Blanca fue novelada en 2004 en el libro de cuentos *La Santa Muerte*, del ecologista y antiguo diplomático mexicano Homero Aridjis. Un interesante texto que narra la participación del protagonista en una juerga de 24 horas ofrecida por uno de los principales traficantes de drogas del país, celebrada en su rancho en la afueras de la ciudad de México en el año 2000. Entre los asistentes a la celebración de los 50 años del prominente capo se encuentran celebridades de cine y televisión, gobernadores, colegas traficantes de ambos lados de la frontera e incluso un obispo católico. El clímax de este escabroso cuento tiene lugar cuando el capo del cártel, el gobernador, el obispo de Sinaloa, un brigadier general y el jefe de la policía judicial, entre otros devotos, se hincan frente a una estatua de tamaño natural de la Santa Muerte vestida de negro, y el gobernador asesino comienza la sesión de oraciones a la Dama Poderosa de la protección y la venganza:

> Oh Santa Muerte, protégeme y líbrame de mis enemigos, embóscalos, tortúralos, enférmalos, mátalos, hazlos picadillo. Oh Santa Muerte que dominas el mundo, en nombre de los que están aquí postrados, te pido poder contra mis adversarios. Que no me quiebren, que no me arresten, que no me maten. Te pido, Santa Muerte mía, que no me desampares ni de noche ni de día y que me defiendas de la traición de amigos y enemigos. También te pido la muerte violenta de los que desean mi mal. Llévatelos a la Casa Oscura, donde tiritan de frío los muertos. Llévatelos a la Casa de los Murciélagos, donde chillan y revolotean los heridos de bala y bayoneta. Llévatelos a la Casa de las Navajas, donde rechinan las armas blancas. Todo lo puedes tú, Santa Muerte, concédeme este favor. Amen.[7]

El hombre que cumple años, Santiago López, dice a los devotos de la muerte que «sellen un pacto» con sangre, y el brigadier general secunda su moción, explicando que necesitan apaciguar a la Santa Muerte con un sacrificio humano. Un actor vestido de la Sombría Segadora se apresura a la capilla y arremete contra una de las tres víctimas rituales, que ha sido identificada por la inteligencia del Ejército como el jefe disfrazado de un cártel rival, y lo apuñala con un cuchillo negro de obsidiana. Otras personas que se encuentran reunidas en la capilla también atacan con sus puñales al capo ya descubierto y a otros dos personajes que tienen lazos con los enemigos de Santiago López. Mientras los tres sangran hasta morir en el sacrificio ritual, fuerzas de seguridad amenazantes sacan apresuradamente de la capilla al periodista Miguel Medina (seudónimo de Aridjis).

En una entrevista telefónica reciente con Aridjis, me aseveró enfáticamente que el relato está basado en hechos reales de los que fue testigo. Le pregunté específicamente si había un gobernador de estado, un obispo católico, un jefe de la policía judicial y un brigadier general entre los devotos de la Santa Muerte que participaron en la narcofiesta del año 2000, a lo cual me respondió: «Todas las personas que puse en el relato realmente estaban allí. Solo cambié los nombres».[8] Cualquiera que haya sido el grado de ficción, la santa esquelética de Aridjis inequívocamente es una patrona espiritual maléfica de los narcos y de otros malhechores. Serpientes de cascabel, tarántulas y escorpiones montan guardia en el altar de la Santa Muerte, quien, al igual que las deidades aztecas, requiere el sacrificio máximo, la sangre humana de sus fieles.

También en los Estados Unidos, los traficantes de drogas devotos de la Santa Muerte forman parte de las noticias, al menos con la misma frecuencia que sus contrapartes de México. En noviembre de 2008, un gran jurado federal en Tennessee condenó a 33 personas con el cargo de conspiración por poseer y distribuir más de novecientos kilos de mariguana en la parte oriental del estado. Vale la pena repetir palabra por palabra el relato de la DEA sobre el involucramiento de la Niña Bonita en este negocio de drogas.

> Durante la investigación, agentes de la DEA e investigadores de la oficina del alguacil del condado de Washington descubrieron que miembros de la organización usaban figuras icónicas de la cultura mexicana para protegerse de los agentes de la ley y para que les dieran suerte. Entre estas figuras estaba la Santa Muerta [sic], conocida en la cultura mexicana y [sic] la Saint of Holy Death y Jesús Malverde, a quien comúnmente se le denomina el Santo Patrón de los Narcotraficantes. Ninguna de estas figuras es reconocida por la Iglesia católica. El culto a estas figuras

se extiende cada vez más en los Estados Unidos, y esta investigación constituye el primer hallazgo significativo de este tipo de figuras en el distrito oriental de Tennessee.[9]

El error ortográfico en el nombre de la Santa, la mala traducción y la referencia a la cultura mexicana revelan una gran ignorancia de la DEA respecto a México. Hay que tener en cuenta que no se trata de Iraq ni de Afganistán, ni siquiera de Colombia, sino del vecino del sur de los Estados Unidos con el que este país comparte una frontera de más de 3 000 kilómetros.

Dejando de lado la ignorancia de la DEA, una redada en busca de drogas más reciente muestra que la Niña Blanca ha establecido su residencia mucho más allá de las comunidades de inmigrantes mexicanos y centroamericanos de las grandes ciudades de los Estados Unidos. Ogden, Utah, se une a Johnsonville, Tennesse y Richmond, Virginia, como una pequeña ciudad en donde la santa de la muerte atrae devotos. En una redada realizada en la casa de un matrimonio a quien la policía de Ogden describió como narcotraficantes de alto rango de Utah, los agentes encontraron alrededor de seis kilos de cristales de metanfetaminas, un fusil M-16 y estatuillas de la Santa Muerte y de San Judas Tadeo, patrón de las causas perdidas. En la fotografía de la policía dada a conocer en los medios de comunicación locales, una figurilla de siete colores de la Santa de 30 cm de longitud, que sostiene una guadaña inusualmente grande, resguarda el flanco izquierdo de tres bolsas de plástico con metanfetaminas, en tanto que su cómplice, San Judas Tadeo, permanece del lado derecho. La escena del crimen la completan un M-16, un revólver y una considerable suma de billetes de 100 dólares.[10] Al ampliar la imagen 200%, la Dama Poderosa parece estar frunciendo el ceño al fotógrafo, en tanto que el santo patrón de las causas perdidas tiene aspecto de encontrarse perplejo entre las drogas y armas que están junto a él en la mesa.

Probablemente el policía que tomó las fotos de los dos santos y de su laboratorio de metanfetaminas en Ogden no era un miembro del culto de la Santa Muerte, pero muchos de sus contrapartes en México sí lo son. Y no resulta descabellado suponer que no pocos agentes de la ley en los Estados Unidos recurran a la Huesuda en busca de protección cuando persiguen a narcos y otros delincuentes peligrosos como estos que fueron arrestados en Ogden y en Johnsonville. De hecho, dos líderes del culto de la Santa Muerte en Los Ángeles aseveraron que sabían de oficiales del LAPD que veneraban a la santa esquelética. El jefe de policía interino del LAPD, Michel Downing, no sabía nada sobre la presencia del Ángel de la Muerte en la ciudad de Los Ángeles, ni mucho menos de seguidores de la Santa que pudieran estar entre sus propias filas.[11]

LA POLICÍA DE LA MUERTE

A pesar de la imagen de la Santa difundida por los medios de comunicación al sur de la frontera de los Estados Unidos, más que el ángel guardián de los narcos ella es la patrona de la guerra contra las drogas. En otras palabras, la devoción de la Santa entre la policía, los soldados y los guardias de las prisiones, esto es, de los que están en la línea de fuego de la guerra del Gobierno mexicano contra las drogas, parece estar tan extendida como lo está entre los traficantes a los que combate. En la entrada de los cuarteles de una unidad de élite del comando de policía en la ciudad de México, se encuentra un cuadro gigantesco de la santa esquelética.[12] Pero aún más impresionante resulta el caso de la policía municipal del municipio de Valle de Chalco, en el Estado de México, pues la mitad de los 380 oficiales portan imágenes bordadas de su santa patrona en sus uniformes. Cosida en las camisas de 190 policías, la Huesuda aparece junto a máximas populares relacionadas con la muerte, como: «No temas donde vayas, que has de morir donde debes»; «Cuando la muerte nos alcance en el camino, bienvenida sea», y «Cualquier día es bueno para morir». El jefe de policía, Tomás Lagunes Muñoz, explicó que la Niña Bonita atrae a sus hombres por el riesgo inherente que implica su profesión. «Se dice que el que trae a la Santa Muerte es devoto y equis cosas, pero tiene el significado de que la policía está expuesta a perder la vida, que es el lugar adonde vamos todos, a encontrarnos con la muerte». Policías del Valle de Chalco aseguraron que elementos de las fuerzas federales, esto es, de la Policía Judicial y de la Procuraduría General de la República, también llevaban este tipo de imágenes de la Santa Muerte.[13]

En Tijuana, muchos policías creen que la efigie de la Santa Muerte que se encuentra en la casa de su comandante lo salvó de lo que parecía una muerte segura. La noche del 16 de abril de 2008, cinco vehículos llenos de asesinos de un cártel llegaron a la casa del comandante Jesús Hurtado, situada en esta ciudad fronteriza, que constituye uno de los epicentros de la guerra contra las drogas. Alertado rápidamente por un joven vecino, Hurtado y su guardaespaldas abrieron fuego primero, mataron a dos de los atacantes y repelieron al resto. Para muchos miembros de la fuerza local, el hecho de que los dos hombres solo recibieran heridas superficiales de los disparos y de que fueran capaces de repeler un ataque de por lo menos veinte gánsteres, era un milagro de la santa esquelética, de alrededor de un metro de altura, que se encontraba en el altar de la casa del comandante.[14] Los seguidores de la Santa Muerte que trabajan como agentes de la ley describen su devoción por la Flaquita casi exclusivamente en términos de su poder de protección. Del mismo modo en que protegió al comandante, de manera notable, del escuadrón de la muerte enviado contra él, la veladora negra de la Santa Muerte proporciona protección sobrenatural a los policías y a los soldados, cuyas misiones son tan peligrosas que algunos usan pasamontañas negros para esconder su identidad de los pistoleros del narco. Y aunque no hablan de ello con la prensa mexicana, podemos suponer que, al igual que sus enemigos narcotraficantes, los devotos encargados de pelear en la guerra contra las drogas también encienden veladoras negras con fines vengativos. No sería demasiado descabellado imaginar, por ejemplo, que el comandante Hurtado pidiera a la Madrina que causara algún daño a los pistoleros que lo atacaron.

En las prisiones mexicanas es donde los agentes de la ley encienden veladoras negras para pedir algo más que la mera protección. Incluso más que los soldados, que la policía y que las fuerzas especiales, los guardias de las prisiones se encuentran en la primera línea de la guerra contra las drogas. Al igual que sucede en los Estados Unidos, las penitenciarías mexicanas están atiborradas de presos que cumplen condenas relacionadas con las drogas. Y desde luego, muchos de ellos son devotos de la Santa Muerte y erigen altares precarios a su santa patrona al tiempo que venden y consumen sus productos dentro de los muros de la prisión. Así, muchos guardias de las prisiones mexicanas, que enfrentan constantes amenazas de violencia por disturbios y peleas de pandillas o por *vendettas* personales, han emulado a los presos y han recurrido a la Huesuda en busca de protección contra los reclusos y, muy probablemente, en busca de que también algunos reciban un castigo. Mi sobrino, el guardia de la prisión del estado en Morelia, me dijo que al menos 20% de sus colegas eran devotos de la Santa Muerte. Él corroboró las afirmaciones de dos funcionarios de prisiones de la ciudad de México en el sentido de que la santa esquelética se ha convertido en la patrona espiritual del sistema penal mexicano y oye plegarias y peticiones no solo de los presos y los guardias, sino de los trabajadores sociales, psicólogos, abogados y familias de los prisioneros.[15] Recuérdese que doña Queta, la pionera del culto, inició la devoción pública con una efigie que le había regalado su hijo al salir de la cárcel.

Considerando la atracción que ejerce la Huesuda en miles de soldados, oficiales de policía y custodios que se encuentran en la línea de fuego de la guerra contra los cárteles, encontramos una fascinante contradicción que enfrentan muchas de las tropas ubicadas en el primer frente. El Gobierno mexicano ha sostenido que la Santa Muerte constituye el principal símbolo religioso de la narcocultura, y ha declarado la guerra contra la Dama Poderosa, e incluso mandó derribar con *bulldozers* sus recintos sagrados en la frontera de México con los Estados Unidos en 2009. Cabe suponer que no pocos soldados a los que se les ordenó arrasar los espacios sagrados eran devotos de la Santa Muerte. Dados los tremendos poderes de venganza de su santa patrona, algunos de estos soldados deben de haber sentido un miedo mortal.

LA CULTURA DE LA MUERTE

Para explicar por qué la Hermana Blanca acabó siendo enemiga del Estado mexicano, se requiere analizar cierto trasfondo de la narcocultura. En ambos lados de la frontera, los distribuidores de drogas crean una serie de patrones de conducta, rasgos, creencias y productos que en muchos sentidos los distinguen de las culturas mexicana y estadounidense dominantes. En el ámbito de las creencias, la devoción a la

Santa Muerte, Jesús Malverde y quizá a San Judas Tadeo colocan a los narcos en un lugar aparte de la cultura mexicana predominantemente católica. Mis suegros, originarios de Morelia, pertenecen a esta última cultura, y tuvo que ser su yerno gringo quien les diera a conocer a la Santa Muerte. Entre los productos de la narcocultura que son dignos de atención –además de los narcóticos y los estimulantes–, encontramos la moda, cierto tipo de vehículos –en ocasiones personalizados– y, sobre todo, la música. Examinaremos la ropa y la joyería influenciada por la Santa Muerte en el capítulo dorado, dedicado a la prosperidad.

Mucho antes de que el culto de la santa esquelética se volviera público, los narcocorridos relataban las hazañas de los traficantes de drogas mexicanos, particularmente en la región del norte del país. Ya en la década de 1950, la banda Los Alegres de Terán cantaba a toda voz corridos como el que constituyó su gran éxito, *El contrabando del Paso*. Y décadas antes de que la Flaquita saliera de la cocina en la que doña Queta preparaba quesadillas, Los Tigres del Norte se convirtieron en las grandes estrellas de los narcocorridos de la década de 1970, con melodías como *La mafia muere* y *Contrabando y traición*. Mientras el comercio de drogas junto con este género musical de los corridos –inspirado en la polca y el vals– proliferaban a finales de los noventa, los gobiernos de los estados mexicanos intensificaban sus esfuerzos, en su mayor parte infructuosos, para censurar los corridos. La mayoría de los estados del norte, como Nuevo León, Chihuahua, Sonora y Baja California, firmaron «acuerdos voluntarios» con las compañías de radio, en los cuales estas se comprometían a dejar de tocar los populares corridos.[16] Los legisladores que están a favor de tal censura alegan que los corridos glorifican y exaltan la narcocultura, volviéndola atractiva para la juventud mexicana.

Dada la fuerte vinculación de la Santa Muerte con el comercio de drogas, resulta completamente natural que ella misma se haya convertido en la estrella de algunos corridos y que incluso atraiga a los aficionados a la salsa, la cumbia y el *rap* de los gánsteres. Un corrido en particular, *La Santísima Muerte*, se volvió un clásico de inmediato. Vale la pena examinar todo el corrido, que cantan los conocidos baladistas Beto Quintanilla y Los Cadetes de Linares, ambos del estado de Nuevo León:

Muchos tienen un corrido, el bueno, el malo y el fuerte;
hay de narcos y de damas y de ilegales sin suerte.
Hoy le canto a la Patrona, a la Santísima Muerte.
La muerte está en todos lados, de ella no quieren hablar.
No hay que olvidar que nacimos y un día nos van a enterrar,
Diosito nos dio la vida, y ella nos la va a quitar.
Yo adoro y quiero a la Muerte, y hasta le tengo un altar;
Ya hay millones que le rezan, la Iglesia empieza a temblar.
Abiertamente ya hay curas que la empiezan a adorar;
mafiosos y de la ley se la empiezan a tatuar;
políticos y altos jefes también le tienen su altar.
Yo le prendo sus velitas, no es un pecado rezar;
a la Santa Muerte, muchos la usan para el mal.
Es bueno que te defiendas, pero nunca hay que abusar,
la Muerte es muy vengativa, y puede empezar contigo.

Aunque este corrido lo cantan narcobaladistas, es un panegírico a la Santa Muerte, en el cual los gánsteres solo constituyen uno de muchos grupos sociales que le rinden culto y la buscan para que realice acciones oscuras. Lo que resulta más notable es la aseveración, que por primera vez presentó Homero Aridjis en forma novelada, de que algunos clérigos católicos ya participan en el culto de la Santa Muerte. Actualmente no existe evidencia que corrobore tal aseveración, pero el simple hecho de que, en ciertos círculos, se afirme esto, resulta sorprendente y muy interesante. También es digno de notar la omnipresencia y omnipotencia de la santa esquelética. En primer lugar, ella «está en todos lados», incluso en la Iglesia y en los altares de las personas importantes de México.

Los tributos musicales a la Madrina no se restringen a los corridos. El grupo mexicano de *hip-hop* llamado Cártel de Santa canta una oda escalofriante a su patrona, titulada, de forma similar, *Santa Muerte*. La canción es muy popular en YouTube y en las páginas de MySpace de numerosos adolescentes y veinteañeros mexicanos y centroamericanos. Al igual que numerosas bandas que cantan sobre la violencia, el Cártel de Santa se ha visto envuelto en el homicidio. El solista Eduardo Babo

Dávalos de Luna disparó y mató a uno de sus empleados en el estado de Nuevo León a finales de marzo de 2007. Babo afirmó que había sido un accidente, que una bala que había disparado al suelo había rebotado y le había pegado a su empleado.[17] Cualquiera que sea la verdad, la letra de la canción captura en forma patética la atracción que ejerce la santa esquelética en los hombres jóvenes mexicanos marginados, así como la esencia de la veladora negra de la Dama Poderosa.

> Especial dedicación a mi Santa Muerte por protegerme y por proteger a toda mi gente
> [...]
> Por dejarme seguir vivo
> [...]
> Por la bendición a mi fiero pulso certero.

La Santa Muerte del Cártel de Santa es una santa de la muerte más personal e íntima que la omnipresente del corrido. En este caso, los miembros del cártel no están tan dispuestos a mostrar que es ubicua y todopoderosa. Más bien es la santa madre que, sobre todo, protege a sus hijos varones (la canción destila exceso de masculinidad), que son peligrosos, pero que también se encuentran en peligro por los riesgos de su «vida loca». Pero fiel a la esencia de la veladora negra, la Flaquita también bendice los actos de venganza, que hace que se mantenga el dedo firme en el gatillo mientras se enfoca a los enemigos en el punto de mira. Sin embargo, si los miembros del cártel llegaran a acabar en la mira de un arma enemiga, expresan estar dispuestos a aceptar el llamado de la Madrina («Estoy listo para cuando usted guste y mande») y a unirse a ella en una «nueva aventura», pero eso no significa que estos *hip-hoppers* veinteañeros esperen «entregar el equipo» pronto. Al principio de la oda a la Santa Muerte expresan su gratitud a la Santa por dejarlos «seguir vivos». Y, al estar vivos, pueden tratar de cumplir su deseo de vender su música en abundancia. La combinación de una letra bien escrita con un ritmo hipnótico, salpicado con metales estilo mexicano, hacen que este tributo musical a la santa esquelética sea mi favorito. En todo el ámbito musical mexicano hay canciones de alabanza a la Huesuda que incluyen cumbias y salsas. Un tributo con música de salsa de una banda relativamente desconocida, llamada Los Layra, incluye un video surrealista en YouTube en el que el grupo interpreta su canción en un templo cavernoso dedicado a la Huesuda.

En este contexto específico es en el que la administración de Calderón señaló a la Santa Muerte como la santa patrona de la narcocultura. Si la guerra contra los cárteles se hubiera declarado una década antes, probablemente Jesús Malverde hubiera sido el principal objetivo. Pero el culto de la Santa Muerte ha eclipsado con tal rapidez al santo popular del bigote, que al arrasar, hace unos años, con *bulldozers* los altares que flanqueaban la carretera, solo uno de los aproximadamente cuarenta sitios de culto derribados por el Ejército Mexicano pertenecía a Malverde. El resto estaba dedicado a la santa esquelética. Desde luego que es una quimera pretender que la destrucción de los lugares sagrados de la Santa ayude a ganar la guerra contra los cárteles. En todo caso, la profanación de los altares de la santa popular más venerada en el país quizá haya fortalecido la fe de muchos devotos de la muerte y haya contribuido a añadir no pocos nuevos miembros al culto que se multiplica notablemente. Además, como ya se mencionó, tal vez por lo menos algunos soldados que participaron en la ofensiva contra la Niña Blanca y sus lugares sagrados fueran devotos. Dada la reputación de la Santa de ser vengativa, podemos suponer que estos soldados realizaron con devoción rituales destinados a aplacar la ira de la Sombría Segadora.

MUERTE AL PAN

El estatus de la Santa Muerte como enemiga religiosa del Estado mexicano también se debió a que se la percibía como opositora al partido del expresidente Calderón, el PAN. Más significativo aun es que este organismo político sea el partido político favorito de la Iglesia católica y, de los partidos principales, el que más ha estado a favor de la Iglesia desde 1939, año en que fue fundado por prominentes católicos. Su agenda social está firmemente alineada a la de la Iglesia, y en oposición al aborto, la unión entre personas del mismo sexo y la anticoncepción. Desde la década de 1980, la Iglesia ha entrado en un estado de pánico por el rápido crecimiento del pentecostalismo y los grupos neocristianos, en especial entre amplias poblaciones indígenas del sur y entre grupos de la región fronteriza con los Estados Unidos. Pero si el combate contra la «invasión de las sectas» no fuera suficiente, ahora la Iglesia se ve forzada a competir por las almas mexicanas con una santa popular herética que es un producto medievalista derivado de la interpretación indígena del catolicismo y del sincretismo entre este, las prácticas religiosas nativas y, más recientemente, la santería afrocubana. Al derrumbar los espacios sagrados de la Santa Muerte en la frontera con Texas y California, la administración panista le hizo un gran favor a la Iglesia católica al eliminar de golpe docenas de espacios sagrados de la competencia. La región de la frontera, por tener una fuerte presencia protestante y por ser uno de los centros de devoción de la Niña Bonita, constituye uno de los lugares de México en donde la Iglesia católica enfrenta una de las competencias más duras.

En un sentido similar, el padre David Romo, que era el padrino del culto y se autodenominó portavoz nacional de esta fe, es un antipanista y anticatólico fogoso. Él cree que, detrás de la revocación del estatus legal de su Iglesia, había una alianza entre el PAN y la Iglesia católica. En nuestra entrevista expresó con claridad su antipatía hacia ambos, e incluso exhortó públicamente a los devotos de la Santa Muerte a no votar por los candidatos católicos, esto es, por los del PAN, en las elecciones de congresistas y gobernadores en julio de 2009. En oposición directa a la Iglesia católica, en febrero de 2010 el padre Romo comenzó a celebrar bodas de parejas del mismo sexo en la Santa Iglesia Católica Apostólica Tradicional México-Estados Unidos. La ciudad de México se convirtió, a finales de 2009, en la metrópoli más grande del mundo en permitir las uniones del mismo sexo, cuando la asamblea legislativa del Distrito Federal, dominada por el izquierdista Partido de la Revolución Democrática (PRD), aprobó un cambio en los decretos de la entidad. Romo declaró que «Lo que bendecimos es el amor que sienten estas personas; el amor no se limita a los géneros. Dios ama a su vecino y a todos los seres humanos, sin importar sus preferencias sexuales».[18] Tanto la evidencia anecdótica como la política del prelado de la Santa Muerte sobre el matrimonio sugieren que la Niña Bonita ejerce una atracción especial para las lesbianas y los *gays* mexicanos.

Por sus denuncias públicas contra el PAN y la Iglesia católica, el padre Romo creó en los medios de comunicación una imagen anticatólica y antipanista de su santa patrona. Y por haber considerado la oferta para un puesto político en un partido minoritario de izquierda y haber apoyado con entusiasmo la legislación promovida por el PRD que permite las uniones entre parejas del mismo sexo, Romo colocó públicamente a su patrona no solo como antipanista, sino como properredista, en favor del partido que ha gobernado la ciudad de México desde 1997. Así, en un contexto político en que tanto la Iglesia católica como el PAN perciben a la Santa Muerte como una partidaria herética del izquierdista PRD, el programa de Calderón contra la Santa en la frontera fue, asimismo, un ataque indirecto al PRD y una agresión frontal al padre Romo y a su Iglesia. No resulta sorprendente que Romo organizara y encabezara protestas callejeras en la ciudad de México a unas cuantas semanas de que fueron destruidos los lugares sagrados de la Santa Muerte en la frontera.

En este caso, debe precisarse que los devotos habituales de la Santa Muerte no necesariamente comparten las políticas anticatólicas e izquierdistas del padrino del culto. Al respecto, he encontrado muy poca animadversión hacia la Iglesia católica entre los devotos de la Santa Muerte. De hecho, la mayor parte tiende a considerar la devoción a la Huesuda como complementaria de su fe católica, o incluso como parte de esta. Recuérdese que solo uno de mis informantes aseveró que el culto de la santa esquelética era su religión exclusiva. De hecho, el gran sentido de inclusión del culto es precisamente lo que atrae a muchos devotos de la Santa Muerte. Sin contar con datos de las actitudes políticas y de los patrones de votación de los devotos, resulta imposible saber si la orientación política de Romo es representativa de la mayor parte de los miembros del culto. Con millones de fieles distribuidos por toda la República mexicana, supongo que las encuestas reflejarían variedades políticas no muy distintas de las de la población general.

Desde la derrota que sufrió el PAN en las elecciones intermedias del verano de 2009, este partido ha experimentado una disminución muy marcada en sus niveles de aprobación. En menos de un año, la identificación partidaria con el PAN cayó de 25% en enero de 2000 a 17% en octubre de ese mismo año. Resulta interesante que el PRD también perdiera suelo durante el mismo período, aunque no en forma tan acusada, bajando de 14% a 10%. Desde luego que el gran ganador fue el Partido Revolucionario Institucional (PRI), el partido que gobernó la nación de una manera dictatorial de 1929 a 2000 y que recuperó la presidencia con Enrique Peña Nieto, quien asumió el poder en diciembre de 2012.[19] Dada la agenda social conservadora del PAN, yo supondría que las encuestas mostrarían que los devotos de la Santa Muerte tendrían poca representación en el partido de Calderón. En todo caso, la administración de Calderón puso en la mira a la Santa Muerte de la veladora negra como el enemigo número uno en su guerra contra los cárteles y en la competencia cada vez más dura contra el PRI y el PRD.

LA HECHICERÍA DE LA MUERTE

De regreso al ámbito de los devotos individuales, la veladora negra también figura en el importante negocio de la brujería. Teniendo en cuenta las capacidades tanto ofensivas como defensivas de la guadaña de la Sombría Segadora, observamos que los devotos piden a la Santa que lleve a cabo hechos oscuros contra los rivales y enemigos, pero también le piden que no los afecten los hechizos y maleficios hechos por otros. A pesar del establecimiento del cristianismo en México durante casi cinco siglos, significativos sectores de la población siguen practicando la brujería en forma amplia. Tanto las prácticas indígenas como las europeas de adivinación, de hechizos y de sanación atraen a millones de mexicanos que creen en su eficacia. El mal de ojo, el susto, la salazón, la tierra de los cementerios y los fantasmas son moneda corriente entre amplios sectores de la clase trabajadora. Por ejemplo, el señor Auxilio, hombre de poco más de 70 años que vive en la ciudad portuaria de Veracruz, tiene un miedo aterrador a los terribles poderes de la Dama Poderosa, por lo que cada mañana examina el suelo que rodea la puerta principal de su casa para asegurarse de que no hayan acudido malhechores durante la noche a hacerle algún maleficio con líneas de sal o tierra del camposanto. De forma similar, Fernanda, de 24 años, que vive en Ecatepec –lugar donde se localiza la estatua gigante de la Santa Muerte–, se volvió devota cuando la Niña Blanca puso fin a la magia negra que le hacían. Después de que durante varias semanas golpearan misteriosamente sus ventanas en la noche y de que en las mañanas se encontrara líneas de sal afuera de su puerta principal, la joven madre divorciada se moría de miedo y no sabía cómo enfrentar la situación. Una amiga le sugirió que pusiera un altar de la Santa Muerte en su casa y que le suplicara que colocara fin a la agresión espiritual que le estaban haciendo. Fernanda cuenta que sus oraciones y su altar, el cual incluye veladoras negras y una estatuilla del mismo color, dieron resultados casi inmediatos. Solo dos días después de que llevara a su casa a la santa esquelética, las líneas de sal y los golpes en las ventanas desaparecieron, y nunca más se repitieron.

La Biblia de la Santa Muerte contiene precisamente el tipo de rituales que Fernanda pudo haber llevado a cabo para hacer que los enemigos anónimos emprendieran la retirada. El «Ritual para alejar la energía negativa que nos rodea» da instrucciones precisas no solo para romper los hechizos y maleficios, sino para que regresen al que los envió:

> Si eres blanco fácil de la envidia, del hostigamiento y de la mala vibra, tanto a nivel familiar como laboral, te sugerimos que elabores este ritual. El día apropiado es el primer viernes de cada mes.

> **Ingredientes:**
> 1 espejo cuadrado, ya que este representa los cuatro elementos con los cuales trabaja la Santísima Muerte.
> 1 estampa de la Santa Muerte.
> 1 trozo de carbón vegetal.
> 1 plato de barro.
> 1 frasco de esencia de la Santa Muerte (deberá ser transparente).
> 1 frasco de esencia Abrecaminos.
> Pegamento blanco.

Procedimiento:

Con un poco de pegamento se pega la estampa de la Santísima Muerte sobre el espejo, ahora enciende el carbón vegetal y colócalo en el plato de barro. Después, coloca unas gotas de esencia de la Santísima Muerte y de Abrecaminos sobre el carbón, empezarás a ver que sale humo aromático, en ese momento pasa el espejo por el humo y reza la oración: «Oh Santísima Muerte, yo te llamo, yo te imploro para que con tu poder retires a (di el nombre de la persona que te ocasiona problemas), que se aleje de mí la envidia y la mala suerte y que con este espejo se vea reflejada y alejada toda brujería, trabajo de santería, de vudú, palo mayombe, magia negra, o cualquier trabajo que me ocasione el mal. Gracias Señora mía».

Puedes hacer cualquier petición personal. Recuerda que tu fe y firmeza espiritual deberán estar puestas en este ritual. El espejo ya consagrado se coloca en la entrada de tu casa o negocio, a manera de que quede enfrente y se refleje cualquier persona que entre (esto servirá para repeler cualquier mala energía). El carbón encendido se deja dos minutos más; esto servirá para purificar tu casa o negocio. [20]

La mayor parte de las plegarias y rituales relacionados con la veladora negra, como el anterior, más que centrarse en hacer daño se enfocan en los poderes de protección. Sin embargo, algunos devotos piden a la Santa Muerte que neutralice activamente a los enemigos. Se recordará que las velas votivas con el letrero MUERTE CONTRA MIS ENEMIGOS, escrito debajo de la figura de la Huesuda, se venden en cientos de tiendas de México y los Estados Unidos. Una de las oraciones más agresivas que he encontrado, en la que se pide a la Madrina que ataque a los enemigos, aparece en la página de MySpace de Francisco Gallardo, de 19 años, residente del barrio de Ecatepec, que usa el nombre de Santa 175 en la pantalla. Admirador de *Los Simpsons* y de la electrodanza, la página de MySpace de Santa 175 es un tributo virtual a la Santa cuya estatua se yergue sobre este sombrío suburbio de la ciudad de México.

La oración, que carece de título, es como sigue:

Preciosa rosa blanca, vengo a ti con el corazón en mi mano.

¿Sabías, niña, que, con tu amor, llenas mi vida de bendiciones?

Con fe invoco que vengas en mi ayuda

Para que cualquier animal que se llegue a sublevar contra mí

Caiga domado por mi poder.

Mantén a cualquier enemigo que quiera desearme el mal

Fuera de mi vida.

No permitas que se usen armas contra mí

Y que todos los malos deseos no se materialicen

Porque tú estás conmigo.

Y dime, preciosa protectora,

¿Quién puede levantarse contra ti?

Santísima rosa que fuiste creada en el principio

Por la mano del todopoderoso,

Te pido que me ayudes en este problema_____

En el nombre del Padre, del Hijo y del Espíritu Santo,

En tu infinita bondad, muéstrame el camino.

Santísima Muerte, acudo a ti en este momento de tormenta,

Para que oigas mi súplica y vengas en mi ayuda.

Lléname de poder para que cualquiera que me vea, tiemble de miedo,

Haz que su valor desaparezca y sus temores se multipliquen.

Santísima Muerte, oye el clamor de este corazón,

Que te pide que extiendas tu mano misericordiosa,

Y protégeme de los que quieren verme en desgracia.

Santísima Muerte, pon a mis pies a mis enemigos.

No muestres clemencia hacia ellos,

Haz que sus peores temores se vuelvan sus pesadillas,

Porque tú me proteges y me cuidas.

Multiplica mi poder, Santísima Doncella,

Para que mi vida sea más agradable.

Entrégame a la persona que amo (decir el nombre de la persona amada)

Y haz que me ame cada día que pase,

Domínala con tu mirada,

Y tráemela, santísima rosa blanca.

Con una fe infinita, permanezco bajo tu manto, hermosa niña,
Y quedo bajo tu protección.
Amén.
Rece tres Padres Nuestros.[21]

NOTAS

[1] Thompson, «Santísima Muerte», Associated Press, *Mass Grave in Mexocp*, 11 de abril de 1989, en http://www.skepticfiles.org/weird/matamoro.htm

[2] Graham Keeley, «Mexican 'Stew Maker' dissolved 300 drug war victims in acid», *Times*, Londres, 26 de enero de 2009, en http://www.timesonline.co.uk/tol/news/world/us_and_americas/article86822.ece

[3] Kevin L. Perkins y Anthony P. Plácido, testimony, U.S. Senate Caucus on International Narcotics Control, 5 de mayo de 2010, en http://www.fbi.gov/news/testimony/drug-trafficking-violence-in-mexico-implications-for-united-states

[4] Villarreal «Mexican elections: The candidates», American Enterprise Institute, en http://www.aei.org/docLib/20060503_VillarrealMexicanElections.pdf.

[5] Caputo, «The fall of Mexico», *Atlantic*, diciembre de 2009, en http://www.theatlantic.com

[6] González Rodríguez, *Huesos en el desierto*, Barcelona, Anagrama, 2002, p. 72.

[7] Homero Aridjis, *La Santa Muerte: Sexteto del amor, las mujeres, los perros y la muerte*, México, Conaculta, 2004, p. 128.

[8] Homero Aridjis, entrevista con el autor, 16 de enero de 2011.

[9] Drug Enforcement Agency, «Members of a major marijuana drug trafficking organization arraigned in Federal Court today», *News Release*, 29 de enero de 2009, en http://www.usdoj.gov/dea/pubs/states/newsrel/2009/atlanta012909b.html

[10] Ben Winslow, Courtney Orton y Whit Johnson, «11 arrested in 3 separate drug busts, *KSL.com*, 29 de mayo de 2009, en http://www.ksl.com/index.php?nid=148&sid=6645690

[11]   Michael Downing, entrevista personal, 23 de diciembre de 2009.

[12]   Holman, *The Santisima Muerte: A Mexican Folk Saint*, 2007, p. 24.

[13]   «Acompaña a policías la Santa Muerte», *SIPSE.com*, 3 de noviembre de 2009, en http://www.sipse.com/noticias/18088-acompana-policias-santa-muerte.html

[14]   Juan Veledíaz, «Pasea la Santa Muerte por calles de Tijuana», *El Universal*, 29 de mayo de 2008, en http://www.eluniversal.com.mx/nacion/159822.html

[15]   Citado en Eva Aridjis, *La Santa Muerte*.

[16]   Chris Summers y Dominic Bailey, «Mexico's forbidden songs», *BBC News Online*, 3 de octubre de 2004, en http://news.bbc.co.uk/2/hi/americas/3552370.stm

[17]   Natalia Sandoval, «Cartel de Santa tiene un asesino dentro del grupo», *192* (blog), 2 de abril de 2007, en http://192.cl/general/cartel-de-santa-tiene-a-un-asesino-dentro-del-grupo

[18]   *La crónica de hoy*, «Celebra Iglesia de la Santa Muerte su primera boda gay», 3 de marzo de 2010, en http://www.cronica.com.mx/nota.php?id_nota=491822

[19]   D.B. Wilson, «Poll: Approval ratings for president, PAN fall to lowest levels since taking office», *Under the Volcano: Notes on Mexican Politics* (blog), 16 de noviembre de 2009, en http://mexicopolitics.wordpress.com/2009/11/16/poll-approval-ratings-for-president-pan-fall-to-lowest-levels-since-taking-office/

[20]   *La Biblia de la Santa Muerte*, México, Editores Mexicanos Unidos, 2008, pp. 41-42.

[21]   Francisco Gallardo, http://www.myspace.com/santa175

CAPÍTULO 4

◇-◇-◇-◇-◇

VELADORA ROJA
AMOR Y PASIÓN

LAS ÚLTIMAS LÍNEAS DE LA PLEGARIA publicada en la página de MySpace *Santa 175* cambian el centro de atención a la vela votiva que es casi invisible en los medios masivos de comunicación, pero que es la más vendida y simboliza el tipo de preocupaciones que probablemente exijan más tiempo de la Dama Poderosa. Vicente Pérez Ramos, el chamán de la Santa Muerte de Morelia, me dijo que las veladoras rojas del amor y la pasión asombrosamente constituyen entre 80% y 90% de su negocio. Así, en el presente capítulo de la veladora roja, examinaremos los papeles de la santa esquelética como doctora del corazón y atrapadora de hombres rebeldes. En este caso, la identidad de género de la Santa resulta más interesante, ya que la Niña Bonita se ocupa principalmente de los deseos y las aflicciones de las devotas.

AMADO HASTA LA MUERTE

Aunque tanto los orígenes de la Santa Muerte como los hechizos de amor a los que recurre pueden remontarse hasta la España medieval, al parecer la fusión de ambas tradiciones tuvo lugar en suelo mexicano. En el capítulo café examinamos un par de referencias de finales del período colonial español; ninguna de estas hace mención del vínculo de la Santa con la magia del amor. Se recordará que, tras su aparición en los anales de la Inquisición de la década de 1790, la Santa desaparece de los documentos históricos durante casi siglo y medio. De acuerdo con los antropólogos que la encontraron en la década de 1940, en su reaparición la Santa Muerte se especializa en asuntos del corazón. Aunque es posible que ya desde el período colonial estuviera implicada en hechizos de amor y los devotos hubieran podido ocultar este aspecto a los inquisidores, resulta más plausible que la Santa se haya involucrado en los asuntos del corazón precisamente durante la larga etapa que duró su ocultamiento. Aunque la fecha de la vinculación de la Niña Bonita con la magia del amor es oscura, el momento en que por primera vez comienza a enmendar corazones rotos y a capturar, atar y entregar a los esposos descarriados a sus respectivas parejas no podría ser más evidente: ya que la Parca –el antepasado español de la Santa Muerte– no practicaba hechicerías de este tipo, resulta obvio que, durante su transformación en la Santa Muerte –acaecida en el Nuevo Mundo– amplió su repertorio más allá de las cuestiones de vida y muerte para incluir las inquietudes románticas de sus devotos.

Unos años atrás, cuando aún investigaba a la virgen de Guadalupe, me encontré con el título de un proyecto literario que se refería a esta virgen como la «reina de los corazones mexicanos». Pero ahora que conozco mucho mejor a la Niña Blanca, me pregunto si la frase no es más adecuada para ella, dada su especialización en reparar y romper los corazones de mexicanos y centroamericanos. Así, resulta notable que estas dos importaciones españolas sin relación aparente –los hechizos de amor y la Parca–, se hayan sincretizado en suelo mexicano, guatemalteco y argentino. De regreso a España, la práctica de los hechizos de amor a menudo implicaba la invocación de ciertos santos, pero nunca de la Sombría Segadora.[1] Desde luego que la fascinante diferencia entre la doctora mexicana del corazón, por un lado, y sus colegas de origen argentino y guatemalteco, por el otro, es el género. De alguna manera, en Argentina y Guatemala la figura femenina de la Parca se transformó en los santos masculinos de la muerte: San la Muerte y San Pascual. Las plegarias y los rituales de San la Muerte centrados en asuntos del corazón se encuentran fácilmente en internet. Similar a la oración más antigua que se conoce de la Santa Muerte –que es un hechizo de *amarre* amoroso–, la plegaria principal a San la Muerte incluye la frase: «Para aquel que en amor me engaña, pido que le hagas volver a mí, y si desoye tu voz extraña, Buen Espíritu de la Muerte, hazle sentir el poder de tu guadaña».[2]

Menos amenazante es la *Oración del amor*:

Oh, Señor, San la Muerte
Te imploro que no sufra por amor en ninguna etapa de mi vida.
En este momento te pido que traigas a mí (nombre y apellido) para que
yo no sea infeliz. Que nada lo detenga, que nada lo frene a llegar a mis
brazos, su corazón unido al mío.
Juntos (nombre y apellido) y yo podemos disfrutar del amor y la pasión,
y que el deseo nunca se nos acabe mientras estemos juntos. Pongo mi
profunda fe en ti para vivir plenamente junto al amor y a Ti, mi Señor
de la Muerte.[3]

Así, en los polos opuestos de Hispanoamérica, los mexicanos y los guatemaltecos, en el norte, y los argentinos, en el sur, unieron el símbolo español de la muerte con los hechizos de amor ibéricos para producir nuevos santos populares y poderosos, cuya gama de actividades excedía, con mucho, a la de su predecesora española, la Parca, que se limitaba a asuntos sobre la mortalidad. Del mismo modo, en su sincretismo con los santos esqueléticos mexicano, guatemalteco y argentino, los hechizos de amor ibéricos aumentaron su fuerza como resultado de su asociación con estas tres figuras (las más poderosas) del ámbito sobrenatural latinoamericano.

Antes de ahondar en las prácticas rituales vinculadas a la veladora carmesí, examinemos brevemente el contexto socioeconómico que por siglos ha dado lugar a una importante y continua demanda de tal hechicería, en especial entre las mujeres. Si la brujería es un arma de los «débiles», un intento mágico de los desposeídos social y económicamente para manipular y controlar circunstancias, entornos y otras personas a las que son incapaces de influir por otros medios, entonces resulta bastante comprensible la doble atracción que ejercen los hechizos de amor en las mujeres, en particular entre las pobres y marginadas. Desde el surgimiento de los hechizos y las maldiciones relacionados con el amor en la región mediterránea muchos siglos atrás hasta la América actual, las sociedades patriarcales han dado lugar a que las mujeres vulnerables, desde el punto de vista socioeconómico, recurran con frecuencia a este tipo de hechizos de amor. Además del impacto emocional que representa la pérdida de un marido o un amante, para la mujer abandonada puede significar la ruina financiera o el ostracismo social. De hecho, en mis estudios previos sobre el pentecostalismo brasileño encontré que muchas mujeres pobres se habían convertido a esta rama carismática del protestantismo por los problemas relacionados con el abandono y la separación de sus esposos, y porque encontraban gran apoyo para tales aflicciones en esta Iglesia.[4] Sin contar con el poder terrenal para evitar el abandono de sus esposos, o con los medios para sostenerse después de dicho abandono, innumerables mujeres, a lo largo del tiempo, han recurrido a la brujería y a la religión a fin de evitar, o para enfrentar, la pérdida de un hombre que constituye el sostén de la familia. Desde luego que las mujeres mexicanas y centroamericanas del siglo XXI enfrentan un menor ostracismo que en el pasado tras ser abandonadas o haberse divorciado, y actualmente cuentan con más estudios y gozan de mayores oportunidades de empleo. No obstante, la persistencia del sexismo y la restricción de los mercados laborales siguen produciendo una gran demanda de los hechizos de amor. Y a principios del nuevo milenio, la Santa Muerte impera como la reina suprema que enmienda, *amarra* y rompe los corazones de los mexicanos y los centroamericanos.

AMARRADO A LA MUERTE

A pesar de su intento por demonizar a la Dama Poderosa, el cineasta evangélico Paco del Toro describe el escenario realista que rodea a la Santa Muerte de la veladora votiva roja. Una de las viñetas de *La Santa Muerte* muestra a Mauricio, hombre de clase media, teniendo un tórrido romance con la mejor amiga de su esposa, Elena, madre de dos hijos que se dedica al hogar, a quien una llamada telefónica anónima le informa que su marido la engaña con su mejor amiga, Raquel. De acuerdo con los estereotipos mexicanos, Elena es blanca y se viste a la moda, pero de manera conservadora. Su mejor amiga, Raquel, es morena, tentadora, y su ropa reveladora acentúa sus encantos. También es madre soltera de un hijo pequeño y vive en un hogar modesto, situado en una calle donde abunda el grafiti. Tras la inquietante llamada, Elena se dirige a casa de Raquel, donde halla a su marido y a Raquel en flagrancia. En una escena cargada de emoción, Raquel le suplica a Mauricio que deje a su esposa y se quede con ella. Pero sus súplicas caen en oídos sordos, temporalmente, pues Mauricio regresa a casa con Elena.

Decidida a no perder a su amante, Raquel se dirige al puesto de objetos religiosos de un mercado local y pregunta al vendedor, de pelo largo y aspecto de chamán, qué artículo da mejor resultado para los *amarres*. Él le escoge una estatuilla roja de la Dama Poderosa y dice: «¡Ah, nadie la supera! En menos que canta un gallo, lo tendrá de regreso, postrado a sus pies». El comerciante prepara la figura de la Santa Muerte para la acción con un producto en aerosol y cobra 800 pesos por la efigie de alrededor de 50 cm. Algo escéptica, Raquel amenaza con regresar la figurilla si no surte efecto.

Entre tanto, Mauricio ha regresado a casa y, con lágrimas en los ojos, le pide perdón a Elena y le suplica que no lo deje. Ella lo perdona con bastante rapidez y vemos una escena idílica de la familia en que él juega con sus dos hijas pequeñas mientras ella los observa con alegría. Pero el idilio es efímero a causa del poderoso ritual de *amarre* que realiza Raquel. En su casa ha preparado un altar para la santa esquelética. Observamos que enciende las veladoras rojas y blancas y que coloca una fotografía de Mauricio en la base de la estatua roja de la Santa Muerte.

En su casa, Mauricio de pronto se siente enfermo, empieza a sudar y se coge la parte posterior del cuello. La cámara corta la escena y muestra a Raquel rezando en el altar: «Por favor, haz que regrese a mí, para que siempre se quede conmigo y nunca se vaya. ¡Hazlo regresar, que esté atado a mí!». Mauricio se va muy perturbado a la parte superior de la casa. Posteriormente, en el transcurso de la misma noche, mientras se encuentra en la cama con Elena, Mauricio sueña que hace el amor con Raquel y se despierta con un sudor frío. Vemos a Raquel llevando a cabo otro ritual en el que ata la estatua con listón rojo. Mauricio se levanta de la cama con un aspecto muy perturbado y le dice a Elena que necesita tomar aire fresco, lo que deja a Elena muy preocupada.

La tarde siguiente, al llegar a casa, Elena encuentra una carta de Mauricio disculpándose por haberse ido con Raquel. La noticia hace palidecer a Elena. Entre tanto, Mauricio aparece en la casa de Raquel y se disculpa por haberla abandonado. A continuación la abraza tiernamente y le dice que quiere permanecer con ella. La pareja se besa con pasión en la pequeña cocina mientras el hijo pequeño de Raquel mira furtivamente la escena con un gesto de desaprobación. Tanto la viñeta como la película terminan con una escena de Elena consultando a un chamán de la Santa Muerte. Con apariencia similar a alguno de los asistentes a un concierto de Santana de principios de la década de 1970, el brujo mestizo de pelo largo enciende veladoras rojas y negras junto a una efigie negra de aspecto temible de la Sombría Segadora. Con un fuerte acento típico de la clase trabajadora de la ciudad de México, le dice a Elena, quien solloza con su bebé en el regazo: «No se preocupe madre, todo en la vida se tiene que pagar. Le digo que ella nunca falla. No le tenga miedo, madrecita. Va a ver cómo recupera a su esposo y que esa mujer recibirá una buena paliza. Mi Niña Blanca es realmente muy buena para ayudar a la gente».

A pesar de que el propósito principal de la película es exponer a la Huesuda como satánica, la viñeta descrita más arriba captura a la perfección el clásico hechizo de *amarre* amoroso. El altar de la casa y el ritual que realiza Raquel, la amante rechazada, no podrían ser más realistas. Los objetos de color carmesí utilizados en el ritual, entre ellos una veladora, una estatuilla y un listón, ayudan a Raquel a enfocarse en su problema específico, uno del corazón. Aunque ella trata de romper un matrimonio, las plegarias de Raquel a la santa esquelética se centran en que Mauricio regrese con ella. Y valiéndose del poderoso medio de los sueños, la Santa Muerte roja altera el sueño de Mauricio precisamente con lo que al inicio lo llevó a tener una aventura amorosa con Raquel. Dormido en el lecho matrimonial junto a Elena, Mauricio evoca en su sueño escenas eróticas entre Raquel y él. La intensidad del sueño lo hace despertar de repente, sintiéndose embelesado e incapaz de resistir el canto de la sirena de Raquel que lo atrae hacia su cama.

Poco dispuesta a renunciar a su marido sin dar la batalla, Elena, que no sabe de la nueva devoción de Raquel por la Dama Poderosa, también termina haciendo un pacto con la Santa Muerte. A diferencia de Raquel, que simplemente pide a la Huesuda que le regrese a su amante,

el chamán que actúa para Elena no solo enciende una veladora roja
para el regreso de Mauricio, sino una negra para que Raquel «reciba
una buena paliza». Debido a que la película termina en la sesión de
Elena con el brujo, los espectadores ignoramos si la Santa Muerte oyó
las plegarias de la esposa rechazada y actuó a su favor, lo que desde
luego significaría la cancelación del hechizo que ya se había hecho
sobre Mauricio. Resulta interesante que Mauricio no sepa nada de que
tanto su esposa como su amante han celebrado un contrato con la Niña
Bonita para que las ayude en su contienda espiritual por quedarse con
él. Los estereotipos sexistas de mujeres malvadas que emplean magia
negra sobre hombres inocentes serían una explicación simplista del
desconocimiento de Mauricio respecto de los hechizos que le hacen.
Sin embargo, la película deja claro que él había empezado su aventura
con Raquel antes de que ella se valiera de los oficios de la Santa. Aunque pierde su libre albedrío tras ser hechizado, en realidad inició una
relación adúltera por voluntad propia, por lo que difícilmente puede
considerarse una víctima inocente en este triángulo amoroso.

La lucha espiritual entre la esposa de Mauricio y su amante refleja
un drama de la vida real mexicana. Para Elena, la pérdida de Mauricio
podría ser desastrosa emocional y financieramente. Aunque en la película no se especifica la profesión de Mauricio, es evidente que gana
suficiente para mantener un estilo de vida de clase media confortable,
en que Elena no necesita trabajar y se dedica al hogar. Con la partida
de Mauricio y ante la aplicación laxa de las leyes sobre el sustento de
los hijos, Elena, con dos niños que mantener, muy probablemente
terminaría en la misma situación que Raquel, si no es que peor. Cuando Raquel se involucró con Mauricio ya era una madre soltera que
vivía precariamente y no contaba con un apoyo material regular para
sostener a su hijo. Existe una práctica conocida en México como la
casa chica, en la que hombres adúlteros subsidian parcialmente a
sus amantes, pagándoles la renta de una casa u otros gastos. Como
sucede con Raquel y Mauricio, a menudo existe una gran diferencia
entre los recursos económicos del hombre y los de su amante. Así,
de acuerdo con estas normas, Raquel obtenía beneficios materiales
como resultado de sus relaciones con Mauricio, aunque, en una de

las grandes ironías de la película, en un acto de amistad fiel, vemos a Elena llevar bolsas de comestibles a la casa de Raquel. De cualquier modo, si la relación de Raquel con Mauricio tenía un efecto positivo en su presupuesto familiar, Raquel tenía posibilidades de obtener muchas más ventajas si establecía una relación permanente con él. Así, en la batalla por un hombre financieramente valioso, su amante pacta con la santa esquelética para mejorar su suerte, en tanto que su esposa recurre al brujo de la Santa Muerte para preservarla.

Esto nos lleva a preguntarnos acerca de a quién favorecerá la Flaquita en las peticiones antagónicas para que regrese Mauricio. Del Toro, cristiano evangélico, nos haría creer que los intentos de las dos rivales románticas estaban destinados al fracaso por constituir pactos con la Santa Muerte, una aliada de Satanás. Aunque en una situación como esta las pautas del cristianismo son claras, las del culto a la Santa Muerte no lo son tanto. Paco del Toro y sus correligionarios harían que las tres partes se arrepintieran de sus pecados, con la reconciliación de Elena y Mauricio y la renuncia de Raquel al hombre casado. De forma muy diferente, la heterogeneidad y flexibilidad del culto a la Santa Muerte excluye una respuesta uniforme al triángulo amoroso. En la película Raquel lleva ventaja, pero solo porque hizo un pacto con la Dama Poderosa primero. Los devotos que consideran que la Huesuda está en armonía con los principios cristianos pensarían que su santa favorecería la causa justa de Elena, la esposa desdeñada que trata de mantener a su familia intacta. Los que tienen un punto de vista de la santa de la muerte menos influenciado por el cristianismo pensarían que la Santa favorecería la causa de la devota con más fe en sus poderes. En el caso particular de Elena y Raquel, dado que las dos son neófitas, y la primera no recurre a la Santa hasta el final de la película, cualquier diferencia en la profundidad de la fe de ambas solo puede resolverse con el tiempo. La intensidad de la devoción de una persona a la Niña Blanca puede medirse en parte por la calidad y cantidad del oficio ritual dedicado a la Santa. El mantenimiento regular del altar, las oraciones y el cumplimiento escrupuloso de las promesas hechas a la Santa son criterios importantes por medio de los cuales la Santa Muerte puede medir la fe de sus seguidores.

MUERTE Y ROSAS

Además de la oración habitual de vinculación amorosa, o *amarre*, que aparece impresa en la parte posterior de miles de veladoras de todos colores, existen rituales específicos para que quienes buscan un milagro del corazón puedan llevarlos a cabo, con el fin de aumentar las posibilidades de que el más poderoso de todos los doctores del corazón tome en cuenta sus peticiones. Y todavía estoy sorprendido de que no tengo que buscar más allá de mi propia red social en Richmond para encontrar a alguien que lleve a cabo tales rituales. Lupe, la madre de 34 años de un alumno de tercer grado de mi esposa, vino del estado de Zacatecas a Richmond con su marido Miguel hace 11 años. Casada a la edad de 13 años, se queja amargamente del autoritarismo de su esposo. Por ejemplo, él puede irse durante cuatro o cinco días del minúsculo departamento que posee la pareja, y al regresar le exige a Lupe una explicación detallada de dónde ha estado ella durante su inexplicable ausencia.

En enero de 2010, Miguel fue detenido por los agentes de inmigración y control de aduanas en Arizona, donde había ido a esperar a un pariente de Zacatecas que intentaba cruzar la frontera con ayuda de *coyotes* (contrabandistas de personas). Miguel fue deportado, se encuentra actualmente en Zacatecas y por ahora no tiene planes inmediatos de regresar a Richmond con su esposa y sus hijos. Entre tanto, Lupe no ha perdido el tiempo y ha pedido a la Santa Muerte que ponga en práctica su poderosa magia del amor, pero no para que Miguel regrese a su lado. Antes bien, el ritual que practica, tomado directamente de *La Biblia de la Santa Muerte*, tiene por objetivo encontrar un nuevo hombre, de preferencia gringo, como el novio de su amiga salvadoreña, a quien no le importa si ella sale a bailar los fines de semana sin él.

De los cuatro rituales relacionados con el amor que se recomiendan en *La Biblia de la Santa Muerte*, Lupe escogió uno «Para tener suerte en el amor» como el más apropiado. Al igual que la mayor parte de los devotos de la Santa Muerte, Lupe ha adaptado el ritual a sus necesidades y recursos. En la cita que sigue, pongo entre corchetes los cambios que le hizo al ritual prescrito.

Ingredientes:

1 Santa Muerte de color hueso pequeña [roja].

1 plato blanco.

33 rosas rojas (solo los pétalos).

1 frasco de esencia de rosas [pachuli].

1 frasco de esencia de canela.

1 bolsa de tela roja [una camiseta roja].

1 pedazo de ropa personal de 10 cm x 10 cm [una camiseta roja].

1 pedazo de palo de unión [una rama encontrada en el suelo].

Cerillos de madera.

Agua.

1 coladera.

1 cubeta.

Procedimiento:

En medio del plato coloca el pedazo de tu ropa personal (puede ser una camisa, pantalón, blusa, etc.), enseguida coloca la Santa Muerte encima de la ropa y esparce encima los pétalos de rosa, debe quedar cubierta la Santa Muerte con los pétalos (ponerla acostada). Debes rociar con las esencias los pétalos. Después coloca el palo de unión encima.

Límpiate con la veladora roja de pies a cabeza y enciéndela con los cerillos de madera. Reza la oración de la Santa Muerte (puedes rezar la oración de la Santísima Muerte que más te agrade). Cuando se haya consumido la veladora, saca del plato la Santa Muerte y procede a envolverla junto con el pedazo de tu prenda en la tela roja.

Este envoltorio lo colocas dentro de la bolsa roja y el palo de la unión también. Enseguida todos los pétalos los pones a hervir. Una vez que el agua haya hervido, la dejas reposar y que se entibie, a fin de que te enjuagues con el agua una vez que te hayas bañado.

Dicho amuleto o resguardo [la bolsa] debes traerlo siempre contigo, no debes dejar que lo toquen personas, extrañas o conocidas.

Recuerda que los baños son del cuello para abajo.

Lupe ha realizado el ritual dos veces y aún está en espera de que la Huesuda le entregue un *bolillo* (otro término coloquial para referirse a un gringo). La principal adaptación del ritual de Lupe es el uso de una estatuilla roja de la Santa Muerte. Al igual que yo, pensó que la Huesuda vestida con una túnica carmesí sería más apropiada que la efigie de color hueso. Muchos ingredientes del ritual tienen una relación muy conocida con los asuntos del corazón. Las rosas rojas, el agua de rosas y la vela votiva carmesí figuran entre los símbolos más evidentes de la pasión. La canela y los palos de unión, aunque son menos familiares, añaden fuerza al ritual. Los palos de unión, que son ramas auténticas de árbol, figuran principalmente en los hechizos de amor hechos por los practicantes de la santería, el vudú y el hudú. Al igual que los listones rituales, los palos de unión sirven para unir, a menudo coercitivamente, a dos personas enamoradas. La canela cumple una doble función ritual, si no es que triple, debido a su tonalidad rojiza y a su uso bien establecido en las religiones afrocaribeñas como un ingrediente clave para hacer hechizos con propósitos amorosos, de suerte y prosperidad. Además, como una especia picante, la canela supuestamente es un afrodisíaco. Algunos sitios web que comercian las especias para usos médicos venden la esencia de canela como ungüento que, frotado en los genitales, aumenta la excitación.

La ejecución del ritual mismo implica dos elementos principales: la fabricación de la bolsa del amuleto y un enjuague de yerbas. La mayor parte del procedimiento prescrito para obtener suerte en el amor implica la preparación y fabricación de la bolsa del amuleto. Antes de que se envuelva y se transforme en un amuleto para la suerte en el amor, la imagen de la Madrina ha sido cargada mediante la oración, los pétalos de rosas rojas y las esencias afrodisíacas. Envuelta en la camiseta roja de Lupe, la Santa Muerte en miniatura absorbe la energía positiva de su devota, la cual puede ser desplegada para atraer a un desprevenido habitante de Richmond. Mientras me pregunto si el amuleto de la Santa Muerte de Lupe funcionará y le dará suerte en el amor, recuerdo que ella, al igual que muchas otras devotas en ambos lados de la frontera, no limita su devoción exclusivamente a la santa de la muerte. Resulta interesante que mientras la Flaquita lleva a cabo hechizos de amor en la privacidad de la recámara de Lupe, una imagen de cerca de un metro de longitud y tocaya de Lupe, la virgen de Guadalupe, ocupa un lugar estratégico en el centro de la pared posterior de la sala de su vivienda. Al entrar en el departamento de una recámara, parece que la virgen mexicana lo saluda a uno y es prácticamente imposible dejar de verla. De este modo, dentro del espacio sagrado del departamento de renta de Lupe, la Santa Muerte se oculta en la intimidad de su dormitorio, trabajando esencialmente como una santa nocturna y acompañando a Lupe en sus sueños. En cambio, la virgen de Guadalupe reside en el espacio más público y común del departamento, la estancia, donde recibe a los visitantes, ve dosis casi letales de telenovelas mexicanas y es testigo de muchos dramas familiares.

LA MUERTE EN LA FAMILIA

Hablando de dramas familiares, uno de los casos más inusuales de *amarre* amoroso de la Santa Muerte que he encontrado es el de mi propia hermana, Michelle. En diciembre de 2009, nos acompañó a mi esposa y a mí en un viaje de investigación a la Yerbería Juárez de Albuquerque. Intrigada por el arcoíris de colores de las veladoras de la Santa Muerte que llenaban las estanterías, Michelle me preguntó si los colores tenían algún significado en el culto. Encantado de explicarle el significado de los colores, noté que sus ojos se iluminaron cuando le dije que el rojo simbolizaba amor y pasión. Apenas acababa de pronunciar la palabra *pasión* cuando mi hermana menor se abalanzó a la sección donde se encontraban las veladoras carmesí. Tras haber inspeccionado la bien surtida tienda y hablar con el empleado, los tres no dirigimos a nuestro coche rentado, donde Michelle nos mostró su nueva veladora roja de la Santa Muerte y, con una sonrisa pícara, dijo: «Vamos a ver si surte efecto».

Durante el viaje de regreso a nuestro hotel, Michelle nos informó de qué forma podría ayudarla la Huesuda carmesí. Durante años, sin mucho éxito, había tratado de abandonar una relación romántica disfuncional. Tras haber cumplido 40 años recientemente, al parecer Michelle sentía una nueva urgencia de liberarse de una relación que creía que la había reprimido, tanto personal como profesionalmente. El nuevo asistente de chef en el restaurante de Denver donde trabajaba la atraía, pero también le gustaba a una colega más joven. Así que tal vez la Dama Poderosa de la veladora roja le podría ayudar en una triple jugada en la que la Santa terminara con su relación disfuncional, quitara de en medio a su rival romántica, su colega más joven, e iniciara una relación entre mi hermana y Connor, el asistente de chef. Mi esposa y yo bromeamos acerca de que Michelle sería la primera gringa en pedirle a la Santa Muerte que realizara magia de *amarre* amoroso.

Sin perder tiempo, Michelle llevó la veladora a su habitación de hotel, donde la encendió y rezó la oración destinada al amor común que estaba impresa en español en la parte posterior del vaso. Unos días después voló a Denver, donde, para su gran sorpresa, Connor la invitó a salir por primera vez para asistir a una fiesta de fin de año. En los meses siguientes ella y Connor comenzaron una relación seria, y su rival romántica encontró otro hombre en Facebook y se fue a vivir a Portland, Oregon, para estar más cerca de él. El novio anterior de Michelle no la asedió, como ella había temido que lo hiciera. La nueva relación iba tan bien que decidieron formalizarla y se casaron en el verano de 2010. El hecho de que los deseos de mi hermana se hubieran vuelto realidad, y de una manera tan rápida, la hizo preguntarse si realmente había sido la santa esquelética quien le había cumplido sus anhelos. Michelle habló a Connor acerca de mi investigación sobre la Santa Muerte, pero no le ha contado sobre la veladora que prendió ni sobre las plegarias que rezó en Alburquerque.

NOTAS

[1]   Thompson, «Santísima Muerte: On the origin and development of a mexican occult images», *Southwest* 40, invierno de 1998.

[2]   Culto San la Muerte, sitio web, http://cultosanlamuerte.com.ar/oraciones.htm

[3]   *Ibidem.*

[4]   Chesnut, *Born Again in Brazil: The Pentecostal Boom and the Pathogens of Poverty*. New Brunswick, NJ, Rutgers University Press, 1997.

❖-❖-❖-❖-❖

CAPÍTULO 5

VELADORA DORADA
PROSPERIDAD Y ABUNDANCIA

LAS ECONOMÍAS DE LA MUERTE

LA VELA VOTIVA DORADA ECLIPSA CON su brillo a todos los otros colores nuevos y rivaliza con los tradicionales blanco y rojo en términos de ventas y de su presencia en los espacios sagrados públicos. Y dado que tanto devotos como devotas la encienden por igual, quizá las peticiones por la prosperidad mantienen a la Flaquita aún más ocupada que las relacionadas con los asuntos del corazón. Con México, Centroamérica y los Estados Unidos saliendo de la peor recesión económica desde la década de 1930, millones de personas pasan serios apuros a causa de los elevados niveles de desempleo y subempleo. En los Estados Unidos, donde la tasa nacional de desempleo actual es de 9%, el sector más golpeado ha sido el de los hombres con pocos estudios. La industria de la construcción, que emplea a muchos trabajadores mexicanos y centroamericanos, ha sido especialmente golpeada debido a que la construcción de casas nuevas se ha desplomado en los últimos años. Las esposas y novias de muchos trabajadores de la construcción que se encuentran desempleados en los Estados Unidos solían hacer contribuciones significativas al ingreso familiar, trabajando como niñeras y limpiando casas. Sin embargo, estos trabajos son más difíciles de encontrar ahora, tal como lo puede testificar Lupe, una devota de la Santa Muerte. Algunos años atrás, ella tenía suficientes casas que limpiar en Richmond, de modo que podía enviar una pequeña cantidad cada semana a los miembros de su familia en Zacatecas. Hoy en día, apenas se las arregla con algunos trabajos temporales durante la semana, y ha tenido que aceptar ayuda financiera de su hija, que trabaja de tiempo completo como mesera en un restaurante mexicano de la ciudad.

A pesar de las predicciones que expresaban lo contario, no se ha registrado un éxodo de mexicanos desempleados y subempleados, como Lupe, a sus lugares de origen en México. Esto se debe a que México ha sufrido un deterioro económico aún más duro. Dos de los principales generadores de ingresos del país han sido fuertemente golpeados. En tanto que el Departamento de Estado de los Estados Unidos ha añadido tres estados mexicanos más, Michoacán, Sinaloa y Tamaulipas, a su lista de advertencia sobre lugares peligrosos, el turismo ha experimentado una disminución acelerada. En 2009 el turismo disminuyó casi 7% en relación con el año anterior, debido a que el virus H1N1 y la violencia relacionada con las drogas ahuyentaron a los visitantes internacionales, la mayor parte de ellos estadounidenses.[1] Crudas escenas de balaceras en las calles de Acapulco, *la meca* del turismo mexicano, transmitidas en los noticieros de la televisión y en internet, han alejado a muchos estadounidenses, canadienses y, en menor grado, europeos de las bellas playas y de las encantadoras poblaciones coloniales de México. Aunque no ha recurrido –todavía– a la santa esquelética en busca de auxilio sobrenatural, mi cuñado se ha visto afectado directamente por la reciente disminución del turismo. Como corredor de bienes raíces en Ixtapa, sus ventas de condominios de tiempo compartido a estadounidenses y canadienses se han desplomado. Con las noticias recientes de que dos hombres fueron encontrados asesinados en un asunto relacionado con las drogas en la vecina ciudad de Zihuatanejo, es poco probable que sus clientes extranjeros regresen en un futuro cercano. Al igual que mi cuñado, cientos de miles de mexicanos que trabajan en la industria del turismo han visto reducidas sus horas de trabajo o incluso han perdido su empleo a causa de que los norteamericanos y los europeos evitan viajar a México por la terrible violencia.

Sumada a la debacle económica de México, se encuentra la disminución de la segunda fuente de ingresos del país después del petróleo. Las remesas que los mexicanos que trabajan en los Estados Unidos envían a sus familias representan miles de millones de dólares al año. Poblaciones enteras en estados como Michoacán, que cuentan con gran número de emigrantes en los Estados Unidos, se mantienen a flote gracias a los envíos de dinero desde miles de lugares de todos los Estados Unidos. Por primera vez desde que se cuenta con datos, en 2008 los envíos disminuyeron casi 4% en relación con el año anterior, a la cantidad de 25 140 millones de dólares.[2] La caída continuó en 2009, con una disminución de casi 16% durante noviembre de ese año.[3] Con niveles de desempleo casi sin precedentes en los Estados Unidos, que aumentan entre las personas con menores estudios, muchos de los aproximadamente 12 millones de mexicanos que viven en el país se encuentran en la misma situación que Lupe; esto es, sin poder enviar dinero a sus familias o teniendo que reducir los montos de sus transferencias.

Así, este doble golpe a dos de las principales fuentes de ingresos ha dado como resultado que la economía mexicana se contraiga y que los niveles de desempleo y subempleo aumenten. El producto interno bruto de México se desplomó un impresionante 6.5% en 2009.[4] La repentina contracción de la economía, junto con la reducción de los envíos de dinero de los Estados Unidos, ha producido un aumento notable de gente empobrecida. Casi la mitad de los mexicanos viven ahora en el nivel de pobreza. De 2006 a 2010 el número de pobres se incrementó de 43% a 51%, es decir, 8%.[5] Aún no se publican datos más recientes, pero lo más probable es que en la actualidad la mitad de los mexicanos se encuentren por debajo de la línea de la pobreza.

En este contexto de aumento de la pobreza, millones de mexicanos ofrecen veladoras doradas a la Dama Poderosa con la esperanza de un milagro monetario. Rigo, de 23 años de edad, es uno de los devotos más desesperados con los que he hablado. Después de que Rigo hubiera comprado una veladora dorada de la Santa Muerte en la tienda esotérica de Guillermo en Morelia, me presenté, le expliqué que estaba escribiendo un libro sobre la Santa Muerte y le pregunté si podía entrevistarlo sobre su creencia en la Huesuda. Accedió con gusto y me explicó que había comprado la veladora para colocarla en el altar de su casa con la intención de pedir a la santa esquelética que lo ayudara a encontrar trabajo. Padre de tres hijos pequeños, Rigo recurrió a la Niña Blanca por primera vez en el verano de 2008. Desempleado en ese entonces y sin poder alimentar a sus hijos, decidió utilizar la ayuda de la Santa Muerte por recomendación de un tío que la había descrito como «muy milagrosa». «Justo a los tres días de que le había pedido trabajo –dijo Rigo– conseguí algún trabajo en una construcción». Integrante del ejército de subempleados mexicanos, Rigo atribuye a su nueva patrona sobrenatural haberle proporcionado un número cada vez mayor de trabajos sueltos, la mayoría de ellos manuales, que le permitieron llevar más comida a la mesa el año pasado.

Rigo estaba especialmente ansioso de contarme lo que le sucedió en una ocasión reciente en que se encontraba en las calles de Morelia sin dinero para tomar el autobús para ir a su casa. Como no quería pedir unos pesos en la calle, puso el asunto en las huesudas manos de la Santa y le prometió más incienso y manzanas para su altar si lo ayudaba a llegar a su casa. No habían pasado diez minutos cuando la Madrina le concedió a Rigo el milagro que le solicitó. Un billete perdido de 100 pesos se encontraba en la banqueta frente a Rigo, esperándolo para que lo tomara antes de que lo hiciera alguien más. La cantidad fue suficiente para que comprara las manzanas y el incienso antes de tomar el autobús. Otra familia de devotos desesperadamente pobres, en su búsqueda de la prosperidad ocupó los encabezados de los medios de comunicación. Dirigidos por la madre, esta familia de devotos de una pequeña población minera de cobre en Sonora le ofreció a la santa esquelética el sacrificio de tres vecinos. Luego de realizar el sacrificio, los miembros de la familia vertieron la sangre en el altar de la Santa. Cuando los periodistas les preguntaron por qué lo habían hecho, la madre afirmó que la Santa Muerte les daría dinero.[6]

EL NEGOCIO DE LA MUERTE

Al ser la mayor y mejor surtida tienda de objetos religiosos de Morelia, Parafinas y Esotéricos Guillermo se convirtió en uno de los mejores lugares de la ciudad para conocer a los devotos de la Santa Muerte. En los intervalos de mis entrevistas, Guillermina, hija de Guillermo, el propietario de la tienda, y devota de la Santa Muerte, me puso al corriente de muchos detalles importantes sobre la devoción. Guillermina me dijo, por ejemplo, que muchos negocios pequeños de México, como el de ellos, mantenían encendida una veladora dorada de la Santa Muerte con el fin de que la Santa aumentara sus ventas. Algunos propietarios van un poco más allá y erigen un altar en la tienda en el que predominan las veladoras y efigies doradas de la santa esquelética. El número 118 (de agosto de 2009) de la revista *Devoción a la Santa Muerte* contiene un ritual denominado «Para impulsar su negocio». La leyenda que aparece sobre la fotografía de una vela votiva dorada rodeada de otros objetos del ritual dice: RECOMENDAMOS ESTE RITUAL CUANDO NO SE OBTIENEN BENEFICIOS O, PEOR AÚN, CUANDO AUMENTAN LAS PÉRDIDAS CADA DÍA QUE PASA.

La Muerte vestida de dólares, templo Santa Muerte, ciudad de Puebla

Ingredientes:

12 monedas de su propiedad.

1 bolsa pequeña de tela amarilla.

1 palo vencedor.

1 amuleto de la Santa Muerte.

1 frasco de colonia de la Santa Muerte.

1 vaso de agua.

1 veladora dorada de la Santa Muerte.

9 cucharadas de azúcar.

1 frasquito de polvo de la buena suerte, de la clase que contiene
   una piedra consagrada.

1 plato.

1 bolsa de plástico.

Cerillos.

Procedimiento:

Haga la señal de la cruz con todas las monedas y colóquelas en el vaso de agua.

Ahora ponga en el plato el azúcar, el palo vencedor y el polvo junto con la piedra y el amuleto. Mézclelos bien y encienda la vela con los cerillos. Rece la oración impresa en la veladora y haga su petición pidiendo a la Santa Muerte que abra las puertas de su negocio y que esta ofrenda que hace a la Santa pueda representar el inicio de su éxito y de su prosperidad.

Coloque la veladora lo más cerca que pueda del plato y déjela ahí dos días. Después de que hayan pasado los dos días, ponga el contenido del plato en la bolsa de plástico y esparza un poco de polvo en el lugar de su negocio, o a la entrada, y en el cajón de su dinero.

Rocíe un poco de colonia en los mismos lugares.

En cuanto al vaso de agua, saque las monedas y póngalas, junto con el palo y el amuleto, en la bolsita de tela. Átela bien y siempre llévela consigo. Le servirá como protección especial. No deje que nadie la toque.

Entre los ingredientes clave del ritual, algunos son más comunes que otros. El polvo de la buena suerte es un artículo corriente que se encuentra en los anaqueles de las botánicas y de las yerberías en todo México y los Estados Unidos, y se emplea en todo tipo de magias, brujerías y curanderismo. El dinero, tanto en forma de monedas como de billetes, es ubicuo en los altares de la Santa Muerte, especial aunque no exclusivamente en los dedicados a la Dama Poderosa de la prosperidad. Entre los modelos de estatuas más valoradas de la Santa, figura una en la que su túnica está hecha de imitaciones de billetes de 100 dólares. En un ritual como este, destinado a impulsar un negocio, las monedas son cruciales debido a que el peticionario busca su multiplicación. Solo dos de las nueve denominaciones de monedas mexicanas no están cubiertas completa o parcialmente de una capa de color dorado o cobrizo. Y estas dos monedas de níquel son las de menos valor, de 10 y 5 centavos. Claro que la fotografía de los objetos del ritual que aparece junto a la lista de los ingredientes y el procedimiento *Para impulsar su negocio* muestra monedas de 20 pesos, las de mayor denominación. Para los devotos que buscan éxito y prosperidad, sin lugar a dudas que la imaginería de color dorado es la más poderosa y evidente.

Un ingrediente mucho menos obvio es el palo de la victoria, procedente de la santería, que ayuda a los creyentes a superar todo tipo de adversidades. Tal como se ofrece en la tienda en línea Lucumiyoruba17 (http://www.lucumiyoruba.com/lucumiyoruba17.html), el palo de cuatro pulgadas es uno, de muchos otros palos similares como el rompehueso, que se vende a dos dólares más gastos de envío. La santería cuenta con un amplio repertorio de rituales para quienes buscan prosperidad material y espiritual, por lo que es lógico que gran parte del culto público de la Santa Muerte, que es más reciente, tome de la religión afrocubana lo que requiere. Tanto Cuba como México constituyen una rica fuente de otro de los ingredientes clave utilizados en el ritual, el azúcar.

Nada es gratis en la muerte. Altar en la casa de Vicente Ramos Pérez, Morelia, Michoacán

Hasta hace poco tiempo, el azúcar endulzaba la comida y la bebida de la élite. El cultivo y la producción de la caña de azúcar y sus derivados han sustentado algunas economías del Caribe, México y Brasil. La relación simbólica entre azúcar y prosperidad es particularmente intensa en México, que ocupa el segundo lugar en el mundo de consumo per cápita y el sexto en producción.[7] Muchos mexicanos se mofan de la versión estadounidense de la Coca Cola porque está edulcorada con jarabe de maíz y no con caña de azúcar, que se usa en la versión mexicana. Así, las nueve cucharadas de azúcar morena (la variedad más común en México) del ritual *Para impulsar su negocio* no solo simbolizan una cosecha abundante de riquezas, sino que satisfacen los gustos golosos de la Santa Muerte, rasgo que comparte con muchos de sus seguidores. Irónicamente, el exceso del consumo de alimentos y bebidas endulzados hace que un número cada vez mayor de devotos, y de mexicanos en general, se encuentren prematuramente con la Sombría Segadora. Solo después de sus vecinos del norte, los mexicanos ocupan una de las tasas más altas del mundo de adultos con diabetes y obesidad.

De los cientos de devotos de la Santa Muerte que entrevisté y con los que conversé informalmente, Yolanda, de 34 años de edad y residente de la ciudad de México, destaca como una de las creyentes más entusiastas en la capacidad de la Niña Blanca para multiplicar los talentos. Aunque enumeró una larga lista de favores que su patrona le había hecho a ella y a su familia, lo mejor que le había concedido la santa esquelética era, con mucho, el milagro de permitirle abrir su propio salón de belleza con muy poco capital inicial. Para asegurar que continuara la prosperidad, la osada madre soltera tiene dos altares, uno en el salón y otro en su casa. Además, visita el famoso altar de doña Queta casi cada domingo y, en una mayor demostración de devoción y gratitud, paga el equivalente a 160 dólares a una banda de mariachis cada tres meses para que toque en el rosario de Tepito. Como la gran mayoría de los devotos de la Santa Muerte, Yolanda se considera católica, y en ocasiones esconde sus figurillas de la Santa en un bolso y las lleva a misa para que se las bendiga el sacerdote sin que él lo sepa. Cuando la conocí en el renombrado altar de doña Queta, Yolanda se encontraba ofreciendo una veladora blanca y otra dorada a la imagen más famosa del culto de la Flaquita.

MERCADERES DE LA MUERTE

La Santa Muerte no solo ha proporcionado prosperidad a los verdaderos creyentes, como Yolanda, sino a los que comercian con sus mercancías y servicios, muchos de los cuales no son devotos. En la economía de la escasez en ambos lados de la frontera, la venta de objetos rituales, joyería, ropa, literatura, música, películas y consultas espirituales representa un negocio multimillonario que sirve para mantener a numerosas familias en los Estados Unidos y México, e incluso en China, donde se fabrica gran parte de los objetos hechos en serie.

Los objetos rituales probablemente representan la mayor parte de los productos de la Santa Muerte. Las veladoras, los aceites, las esencias, las estatuillas, las estampas, el incienso y los aerosoles figuran entre los artículos rituales más populares que se venden en las botánicas, los supermercados e incluso en internet. En el comercio al menudeo, la venta de estos objetos sostiene miles de tiendas de artículos esotéricos y puestos de mercado en ambos países. Uno tras otro, los vendedores me dijeron que aproximadamente durante los últimos siete años, las ventas de artículos relacionados con el culto de la santa esquelética han representado al menos la mitad de sus ingresos anuales. Uno de estos establecimientos es el de Guillermo, que cuenta con dos tiendas en Morelia y un puesto en el mercado de San Juan. Fundado en 1994 por el empresario chilango Guillermo, el negocio empezó a vender figurillas y estatuas de la Santa Muerte en el año 2000, y rápidamente amplió su negocio a toda la línea de productos rituales de la Santa.

Al hablar conmigo en su puesto del mercado, Ricardo, el yerno de Guillermo, me reveló un patrón de ventas que me resultó interesante. En tanto que los objetos rituales relacionados con los santos canonizados se venden principalmente unos días antes al día de sus fiestas, los que pertenecen al culto de la Santa Muerte tienen demanda durante todo el año. Es muy posible que, en el futuro, el primero de noviembre se convierta en el día de fiesta de la Santa, pero hasta ahora, tal fecha, en que se conmemora la inauguración del espacio sagrado público de doña Queta, no se ha impuesto en el calendario de los santos que se celebran en México. En todo caso, el hecho de que la Flaquita no cuente con una fecha particular en el calendario refuerza su omnipresencia; es una santa para todas las estaciones.

Ricardo me explicó que, en unos cuantos años, los objetos de la Santa Muerte se habían convertido en la línea de productos mejor vendidos en los negocios de Guillermo. Para 2003, las veladoras, el incienso y las imágenes de la Santa, entre otros objetos, representaron alrededor de la mitad del total de las ventas en sus tres locales. En sus tiendas, así como en los innumerables establecimientos y puestos que he visitado en todo México y los Estados Unidos, las veladoras son, con mucho, uno de los productos más vendidos de la Santa Muerte. Ricardo calculó que en sus locales se vendían 120 000 veladoras de la Santa Muerte al año, lo que arrojaba una suma total de aproximadamente 210 000 dólares Los clientes de Guillermo compran en especial las veladoras blancas, de agradecimiento, y las rojas, de pasión.

La supremacía de las veladoras votivas de la Santa Muerte también es evidente en el sector manufacturero del negocio. Uno de los principales fabricantes de veladoras del culto en América del Norte, Veladoras Místicas, con sede en los alrededores de la ciudad industrial de Monterrey, es el principal abastecedor de numerosos comerciantes al menudeo de artículos religiosos y esotéricos de México y los Estados Unidos. La variedad de veladoras de la fábrica resulta asombrosa. La rara veladora del Rey Pascual viene en dos colores, al igual que el Tapaboca. El Arrasa Coyote, sin embargo, solo viene en rojo. Aunque los representantes de la compañía no me proporcionaron información sobre las ventas de veladoras de la Santa Muerte, su sitio web (http://veladorasmisticas.com), que es muy completo, permite ver el dominio de la Huesuda sobre todos los santos, espíritus y figuras mágicas.

Entre las 11 categorías de veladoras que elabora la compañía, la variedad de modelos referentes a la Santa Muerte no tiene igual. Por ejemplo, en la categoría más amplia de veladoras, las de parafina con imágenes serigrafiadas en el vaso, aquellas que tienen la imagen de la Sombría Segadora sobrepasan con mucho en variedad al resto. Del total de los 236 modelos existentes, 13 pertenecen a la Santa y vienen en todos los colores del culto, incluyendo los raros colores naranja y rosa. En un segundo lugar muy distante se encuentra San Judas Tadeo, cuyo culto también prolifera en México, con seis modelos. La gran sorpresa la constituyen la virgen de Guadalupe y el santo de los narcos, Jesús Malverde, que solo tienen dos y un modelo, respectivamente, lo que los sitúa en la misma posición que la veladora de los Siete Elefantes y la de la Gallina Negra.

La competencia en la segunda categoría más amplia de las veladoras, las llamadas comerciales, con impresiones en serigrafía y lisas, es un poco más reñida. De nuevo, la Santa Muerte cuenta con mayor diversidad, con siete modelos de un total de 193 en esta categoría de veladoras, que es la más barata, con un precio equivalente a 23.50 dólares por una caja de veinte piezas. Siguiendo los huesudos talones de la santa esquelética está Ajo Macho, con seis variedades, San Judas Tadeo, con cinco, y el santo popular guatemalteco San Simón (también conocido como Maximón) con cuatro. Y otra vez Jesús Malverde y la virgen de Guadalupe tienen una posición inesperadamente mala, con un solo modelo cada uno. La santa de la muerte también ocupa la primera posición en los estilos más lujosos de veladoras, las de 14 días, serigrafiadas y lisas, que se venden a un precio equivalente a 43.55 dólares la caja con solo seis piezas. Tres de los 22 modelos disponibles muestran la imagen de la Niña Bonita. Ninguna otra veladora de esta categoría tiene más de un modelo.

Los otros objetos rituales que no pueden faltar, las efigies de la Santa, son los más vendidos después de las veladoras. Prácticamente todos los altares, desde los más humildes hasta los más ornamentados, tienen por lo menos una estatua o figurilla de la Huesuda en el centro del espacio sagrado. Algunos de los devotos más creativos de la Santa Muerte elaboran sus propios ídolos con una impresionante variedad de materiales, como huesos de vaca, papel maché, aluminio y resina. La variedad en el color, el tamaño y el estilo de los *bultos*, como se les llama a las estatuas en México, se aprecia en todo su esplendor en el oficio del rosario que se celebra en Tepito mensualmente. De las cientos de efigies hechas a mano que vi durante el oficio de agosto de 2009, la que me dejó una impresión más duradera fue una ataviada con traje de combate, con una bandolera de aspecto muy real repleta de cartuchos de bala. La Sombría Segadora vestida para la lucha parecía encajar a la perfección en este barrio violento, cuyas batallas callejeras a balazos a menudo lo asemejan a una zona de guerra.

Casi tan singular fue la estatua de alrededor de un 1.2 m de altura de la Santa Muerte vestida con una capa de billetes reales de uno y dos dólares. Vi esta imagen en agosto de 2010 en uno de los altares más escalofriantes que he visitado. Situado en calles laberínticas de un barrio obrero de Oaxaca, el altar se encontraba en la parte posterior de un lote baldío, protegido de la lluvia solo por un endeble techo de lámina. Después de gritar «buenas tardes» varias veces desde la calle, sin obtener respuesta alguna y ante la aparente indiferencia de varios adolescentes vecinos, que luego nos enteramos que eran sordos, mi esposa y yo nos dispusimos a regresar. Ya de camino al minúsculo Ford Ka que mi cuñado generosamente nos había prestado para nuestro viaje de investigación sobre la Santa Muerte, oímos que una mujer nos gritaba desde el umbral de su casa, a media cuadra de distancia. A voz en cuello nos explicó que la cadena de metal que aseguraba la puerta de tela metálica no estaba cerrada con candado como aparentaba.

Sin saber lo que podríamos encontrar en un altar situado en un lote aparentemente abandonado, me sentí nervioso al quitar la pesada cadena oxidada y abrir la puerta. Al entrar en el terreno polvoso, donde en una de las esquinas se encontraba un pequeño cobertizo en el cual no cabía ni una cama, mi esposa nuevamente exclamó «buenas tardes», pero no hubo respuesta. Algo desconcertado por la idea de visitar lo que parecía un altar semipúblico que se encontraba solo, me sentí aún más inquieto al acercarnos al altar y ver que la mayor parte de las veladoras estaban encendidas y que un Marlboro, que se consumía a los pies de la Huesuda vestida con billetes, había sido ofrecido por algún devoto, o por el cuidador mismo, minutos antes de que llegáramos. Nunca había visitado un altar de ese tipo en que nadie estuviera presente. Decidimos que sería bueno estudiar el lugar lo más rápidamente posible antes de que nos sorprendiera alguna persona desconfiada o algún devoto enojado. De este modo, tomé algunas notas y mi esposa sacó docenas de fotos. Acto seguido, coloqué la cadena como se encontraba previamente, antes de que alguien más pudiera llegar. Esta no fue la primera vez durante mi trabajo de campo en que me pregunté si la Niña Blanca estaría cuidándome.

Pero las imágenes de producción masiva, que se compran en las tiendas y que también se ofrecen en una sorprendente variedad de precios, colores, tamaños y materiales, son más comunes que las imágenes artesanales que se muestran con gran colorido en el oficio mensual del rosario de doña Queta. Casi son tan ubicuas como las veladoras. Las venden desde los comerciantes más humildes de las calles –que pueden ofrecer tan solo unas cuantas figurillas y un poco de incienso que colocan sobre un pedazo de tela en el suelo de alguna banqueta estratégica de la ciudad de México–, hasta comerciantes de artículos esotéricos que las venden por internet y anuncian cada modelo de sus efigies con fotografías de alta resolución.

Las estatuillas de la santa esquelética se han vuelto tan populares que cada vez se venden más en tiendas que no tienen relación directa con los productos esotéricos y religiosos. En una ocasión, una tarde de julio en la ciudad de México en que a regañadientes acompañé de compras a mi esposa, me sorprendió ver cientos de figurillas y estatuas de la Santa Muerte que ocupaban los principales anaqueles de las numerosas tiendas de artículos de joyería en las que deambulamos. La Flaquita parecía fuera de lugar entre vasijas con piedras semipreciosas y estantes de alambres de plata alemana y ganchos de aretes; pero los vendedores me aseguraron que muchos clientes, junto con los materiales para fabricar su propia joyería, se llevaban a casa las figurillas. Para mi gran sorpresa, la tarde que pensaba haber desperdiciado en la compra de artículos de joyería resultó ser una oportunidad inesperada para mi investigación. Las fotografías de la santa de la muerte en estas tiendas, rodeada de un mar de alambres y piedras, son algunas de mis favoritas, de las miles que mi esposa tomó con su prolífica cámara.

Con mucho, el material más utilizado para fabricar las imágenes de producción masiva es la polirresina. Este componente sintético tiene varias ventajas en comparación con otros materiales comunes que se usan para hacer estatuas y figurillas, como yeso, madera y plástico. En primer lugar, es muy durable y prácticamente irrompible. Dado que un alto porcentaje de las efigies se envían por barco desde las fábricas chinas, a través del Pacífico, la Santa Muerte de polirresina tiene más probabilidad de llegar intacta a las costas mexicanas. Además, al ser un material relativamente barato, la polirresina propicia la disponibilidad de ídolos a precios más accesibles. En la economía de la escasez, en la cual se mueven la mayor parte de los devotos de la Santa Muerte, hay una gran preocupación por que los objetos rituales sean baratos. Por último, este versátil compuesto produce un brillo similar a la fibra de vidrio y se le puede agregar color para producir una estatuilla semitraslúcida.[8] Ámbar y verde figuran entre los colores más populares en este tipo de estatuas. Sin embargo, a los modelos más baratos se les aplica una capa de pintura después de que la polirresina se ha solificado en el molde. Los ídolos vienen en los mismos colores que las veladoras, incluyendo los de siete colores, que cada vez se vuelven más populares. Al igual que las veladoras de siete colores, estas estatuillas son buscadas por los devotos que necesitan milagros en múltiples frentes.

Los seguidores de la santa esquelética también pueden elegir entre una amplia gama de tamaños. Las más pequeñas, que suelen ser las más baratas, tienen no más de 5 cm de altura, en tanto que las más grandes son de tamaño natural, y algunas miden más de 1.8 m. Dado que las de tamaño natural resultan prohibitivas para la mayoría de los devotos de la Santa Muerte, generalmente solo se ven en los altares y espacios sagrados públicos. Casi todos los creyentes compran las imágenes que miden entre 5 cm y 60 cm. Las populares figurillas de 12.7 cm se venden en 12.5 dólares en Indio Products (http://indioproducts.com), y al igual que muchas efigies de la Santa Muerte contienen amuletos situados en la base de la figura, exactamente debajo de los huesudos pies de la Santa. Frijoles rojos, semillas de mostaza, granos de arroz y trigo y en ocasiones una herradura de metal en miniatura se encuentran en la polirresina traslúcida y funcionan como amuletos de prosperidad y abundancia, que cargan de energía a la ya de por sí fuerte asociación de la Niña Blanca con las bendiciones materiales.

Aunque las efigies y las veladoras constituyen los objetos esenciales del ritual, y están presentes incluso en los altares de las casas más humildes, las ventas de una impresionante variedad de accesorios contribuyen al sustento de miles de comerciantes de artículos esotéricos y religiosos. En la mayor parte de las tiendas de ambos lados de la frontera, y también en los puestos de los mercados de México, los devotos también pueden comprar aceites y esencias, aerosoles, polvos, rosarios, incienso, estampas y jabón de la Santa Muerte. Pero dado el limitado presupuesto de la mayor parte de los devotos de la Santa, los productos más baratos, como el incienso y las estampas, son los que más se venden. Me sorprendió ver en muchas tiendas y puestos de mercados de México la leyenda «Hecho en Venezuela», impresa en la envoltura de muchos de estos artículos rituales. Guillermina, que trabaja en una de las tiendas de artículos esotéricos que la familia tiene en Morelia, me explicó que la manufactura venezolana era ficticia. Valiéndose de que en la imaginación popular mexicana el país sudamericano tiene la reputación de contar con una hechicería muy potente, algunos fabricantes de los productos de la Dama Poderosa de la ciudad de México cambian la denominación del país de origen de las etiquetas. He pasado un tiempo considerable en México durante los últimos 25 años y estoy casado con una mexicana de Morelia, pero aun así me deja perplejo la idea de la supuesta fabricación en Venezuela. Cuba queda mucho más cerca de México, tanto en términos geográficos como en lo referente a la imaginación popular. En muchos altares públicos de la Santa Muerte, así como entre las personas destacadas del culto, es evidente la influencia de la santería cubana. Ni Guillermina ni ningún otro distribuidor de los productos de la santa esquelética pudieron darme una respuesta satisfactoria de por qué se decidió tergiversar el origen de la mercancía como venezolano, y no como cubano. Con independencia del engaño, al parecer la «mística» venezolana contribuye a incrementar las ventas de muchos de estos productos rituales, lo que ayuda a que numerosos comerciantes se mantengan en el negocio.

LA MUERTE EN UN COLGANTE

En la medida en que el culto a la Santa Muerte se ha vuelto público durante la última década, muchos de sus devotos han manifestado abiertamente sus creencias. Con anterioridad al debut público de la Huesuda que organizó doña Queta en 2001, los pocos devotos de la Santa Muerte que usaban algún símbolo material de su devoción, como algún colgante, lo ocultaban debajo de sus camisetas. Hoy en día, 12 años después, cientos de miles de creyentes proclaman públicamente su fidelidad al Ángel de la Muerte mostrando su imagen de diversas maneras. La forma más común en que los devotos ostentan los símbolos de su fe es mediante un dije metálico en forma de la santa esquelética pendiente de una cadena dorada o plateada. Actualmente los creyentes suelen llevar el colgante sobre la camiseta a plena vista de los pasajeros del metro y de los transeúntes, y de su familia, sus amigos y colegas. No es exagerado afirmar que estos colgantes son ubicuos en México. Además de colgar del cuello de los creyentes, se encuentran a la venta en todo el país, en las botánicas, en las tiendas de joyería, en los puestos callejeros, entre otros lugares. Los colgantes pueden conseguirse en varios tamaños y tipos de metal; el más barato es de plata alemana y el más caro, de oro de 18 quilates incrustado con rubíes, como el que le regalaron al estafador de mala memoria Bernard Madoff.[9]

Menos comunes, pero vistos con cierta frecuencia en las calles de la gran ciudad de México, son otros dos tipos de bisutería de la Santa Muerte: las pulseras y los escapularios. Las primeras se venden en dos estilos básicos. Los más populares son similares a los brazaletes de madera de los santos, que están de moda hoy en día y que se ofrecen en varios colores y muestran las imágenes de la virgen de Guadalupe, San Judas Tadeo, el papa Juan Pablo II o el Santo Niño de Atocha. Encima de mi escritorio tengo una típica pulsera de madera de la Santa Muerte. Tres diferentes imágenes de la Santa pintadas en negro se alternan en 11 placas rectangulares unidas por un cordón elástico.

Dos de estas imágenes son muy similares. En ambas se muestra la parte superior del esqueleto, que lleva un hábito de monje con una capucha que le cubre toda la calavera, excepto su esquelética cara. La característica más sobresaliente de ambas imágenes es la enorme guadaña. En una representación, la amenazante punta de la cuchilla señala hacia su izquierda, mientras que en la otra, hacia la derecha. La santa esquelética con la cuchilla orientada a la izquierda ostenta una túnica de color azul oscuro y tiene la mirada perdida en un ángulo de 45 grados hacia su derecha. Su compañera de la izquierda lleva un hábito verde y mira de frente con las cuencas vacías de los ojos. La tercera imagen de la Santa es sustancialmente distinta. Se trata de una apariencia fantasmal en la que todo el esqueleto lleva una túnica gris que parece plegarse con el viento. Está de pie con una guadaña gigantesca en la mano izquierda y mira de frente desde un sobrecogedor paisaje de aspecto lunar.

El otro tipo de pulseras es menos llamativo. Un colgante de plata alemana con la imagen de la Niña Blanca está rodeado de docenas de pequeñas cuentas de plástico, generalmente blancas, amarillas, rojas y negras que se alternan. Al igual que en las pulseras de madera, las cuentas y el colgante están engarzados en un cordón elástico, lo que permite que la pulsera se ajuste a las muñecas más gruesas de los devotos de la Santa Muerte. Hasta hace poco tiempo, las pulseras y los colgantes en collares eran los únicos tipos de joyería de la Santa Muerte que había encontrado.

En abril de 2010, durante un viaje de investigación a Guatemala para conocer al santo esquelético, el Rey Pascual, por primera vez vi aretes con la imagen de la santa mexicana de la muerte. Un joven y emprendedor joyero artesanal de Panajachel, en el bello lago de Atitlán, había separado las pulseras de madera a las que me referí antes y había creado aretes con los pequeños bloques. De hecho, este fue mi primer encuentro con la Dama Poderosa en este país de Centroamérica. Parecía extraño que la primera vez que encontré a la Santa más allá de sus tierras de origen en México y los Estados Unidos fue en una técnica que no había visto en los dos países de Norteamérica. Y al encontrar sus aretes en un lugar tan inesperado como este, me pregunté por qué no los había visto antes, en especial en México, donde prácticamente se perforan las orejas de todas las niñas cuando son recién nacidas. Resulta interesante que la primera mexicana que vi con aretes de la imagen de la santa esquelética fue la madrina del culto. Cuando fui a visitarla en julio de 2010, doña Queta llevaba dos imágenes de la patrona espiritual en los lóbulos de sus orejas. Doña Queta y todos los devotos que usan este tipo de aretes están en una posición única para oír todo lo que la Flaquita pueda susurrarles al oído.

PIEL PARA LA MUERTE

Los artistas que hacen tatuajes en ambos lados de la frontera, pero especialmente en México, se han visto beneficiados por el número creciente de devotos que han decidido adherir a su piel una imagen de la Huesuda en forma permanente. Mi sobrino Roberto, el guardia de la prisión de Morelia –que ahora habla de pedir asilo político en Canadá por las amenazas de muerte que ha recibido desde que lo entrevisté por primera vez–, me dijo que cuatro prisioneros que son artistas del tatuaje tienen mucho trabajo en la penitenciaría del estado de Michoacán por el aumento de la demanda de sus compañeros presos para que les graben tatuajes de la Santa Muerte en el pecho, la espalda y los brazos. De acuerdo con Roberto, solo hay otro tatuaje que es casi tan popular, el de la virgen de Guadalupe. Comúnmente, los devotos de la Santa Muerte se hacen tatuar el objeto de su devoción en la piel como pago de alguna promesa o de un voto a la Dama Poderosa. Fernanda, de 24 años de edad, a quien literalmente entrevisté a la sombra de la estatua de la Santa Muerte más grande del mundo en Ecatepec, había pedido a su nueva santa patrona otro gran favor, después del primero que le solicitó para que se terminaran los ataques de hechicería que hacían en su casa. Durante nuestra entrevista en los terrenos de la estatua gigante y del complejo del templo, de pronto Fernanda se levantó la parte de atrás de su camiseta para enseñarme un impresionante tatuaje de la Huesuda que le cubría la mayor parte de la espalda. Explicó que había prometido a la Santa que se grabaría su imagen en la piel si liberaba a su padre de la cárcel. Y en efecto, unas semanas después de que hubiera hecho el voto, el padre fue dejado en libertad, antes de haber cumplido toda su sentencia.

En un sentido similar, una reclusa de una de las prisiones para mujeres de la ciudad de México me contó que se había comprometido a tatuarse la santa esquelética en la espalda si le curaba la pelvis fracturada como resultado de un accidente de automóvil en 1992. La Huesuda le otorgó el milagro uniendo sus huesos rotos. Tal vez de una manera más dramática, la Santa Muerte le salvó la vida cuando un asesino que portaba un cuchillo no pudo clavárselo en los pulmones y el corazón, sino que lo introdujo en la espalda tatuada.[10] No es una coincidencia que esta mujer y Fernanda tengan tatuajes. A pesar de que en México los tatuajes se han vuelto más populares entre la gente, en este país aún existe una fuerte vinculación entre los tatuajes y el mundo del hampa, algo que definitivamente sucede en menor grado en los Estados Unidos. Richmond, la ciudad donde ahora vivo, ocupa el tercer lugar en el país por el número de salones de tatuaje per cápita, y todo tipo de gente sin relación con las actividades delictivas ha destinado una porción considerable de su epidermis para que sea marcada por las agujas de los artistas del tatuaje.[11] Todavía no he visto a un habitante de Richmond con un tatuaje de la Santa Muerte, pero la impresión de su imagen en pecho, brazos y espalda de decenas de miles de miembros de su culto sin lugar a dudas ha permitido que muchos artistas del tatuaje prosperen, al tiempo que le dan una residencia permanente a la santa esquelética en la piel de muchos integrantes de su grey.

LA ROPA DE LA MUERTE

Por último, de las mercancías de la Santa Muerte que es posible usar, está la ropa. En un mundo donde todas las imágenes imaginables, tanto seculares como religiosas, acaban estampadas en camisetas, solo era una cuestión de tiempo para que la santa esquelética adornara esas prendas que se usan en todo el mundo. En México, las camisetas de la Santa generalmente son baratas, de una mezcla de algodón y poliéster. Suelen ser de color negro con una imagen amenazadora de la Sombría Segadora impresa en blanco. La estética del diseño recuerda decididamente a las camisetas de los conciertos de bandas de *heavy metal*, como AC/DC, Black Sabbah y Judas Priest de la década de 1970. Dichas camisetas se encuentran fácilmente en los grandes mercados municipales de las ciudades mexicanas, y también en los oficios de la Santa Muerte y en los acontecimientos rituales de cierta importancia.

En los Estados Unidos las camisetas tienden a ser 100% algodón y tienen mucha mayor variedad de colores y dibujos de la Niña Bonita. Algunas tiendas en línea venden camisetas para los devotos y las personas a quienes les gusta estar a la moda. Con precios que van desde 16 hasta 40 dólares, Zazzle.com, el primer negocio que apareció en una búsqueda reciente en Google de «camisetas Santa Muerte», ofrece 15 diferentes estilos, y todos ellos muestran a la santa esquelética de un modo más amable y tierno que la amenazante versión mexicana, que parece a punto de atacar con su guadaña. De hecho, si las camisetas no tuvieran SANTA MUERTE impresa, el animado esqueleto que danza en una tumba fácilmente podría confundirse con la Catrina, figura esquelética y juguetona del folclor mexicano.

Aunque las camisetas dominan en el mundo de los atuendos de la Santa Muerte, es posible comprar todo tipo de prendas de vestir en tiendas al menudeo en línea de los Estados Unidos. Las sudaderas, que gustan mucho a los adolescentes y a los veinteañeros de ambos lados de la frontera, probablemente ocupan un distante segundo lugar de ventas en relación con las camisetas. Entre los artículos menos comunes que he encontrado están los zapatos tenis y las tangas de la Santa Muerte. Estas últimas, las clásicas tangas de la Santa Muerte, se consiguen en tres tamaños diferentes en el sitio en línea Cafe-Press, que orgullosamente anuncia que esta singular prenda de ropa interior de mujer está «hecha en Estados Unidos». La imagen que aparece en la tanga es la temible figura de la Sombría Segadora al estilo mexicano, cuya calavera cubierta con una capucha está enmarcada por dos grandes guadañas. Ningún análisis de la línea de ropa de la Niña Blanca estaría completo sin hacer referencia al calzado. Junto a las tangas, los tenis Nike en forma de bota y personalizados sobresalen como uno de los tipos de ropa más originales de la Santa Muerte. Un par de *Nike Dunk High Santa Muerte* se vende en 89 dólares al menudeo en ShoesDone en línea, y aunque no contienen la imagen de la Santa, los tenis blancos de basquetbol llevan su nombre y sus iniciales grabadas en letras góticas en la superficie de cuero. Estos tenis altos deben de ser unos de los muy pocos zapatos de este tipo adornados con crines de caballo.

¡LA MUERTE, LEA TODO SOBRE ELLA!

A pesar de la supremacía que en la devoción a la Santa Muerte tiene la palabra hablada sobre la escrita, los editores mexicanos se han beneficiado de las ventas de la literatura del culto. La publicación más importante es la omnipresente revista llamada *Devoción a la Santa Muerte*, que se publica de forma mensual y se vende en los puestos de periódicos de todo el país. Visto en retrospectiva, mi llamado inicial a estudiar a la santa esquelética en realidad pudo haber sucedido cuando compré el primer número de la colorida revista en un puesto de periódicos de la ciudad de México en julio de 2005. En aquel tiempo aún me encontraba investigando a la virgen de Guadalupe, pero como estudioso de la religión popular en general no pude resistir la tentación de examinar una revista llamativa que tenía un extraño esqueleto vestido como una de las diferentes imágenes latinoamericanas de la virgen María. Mina Editores, una de las mayores editoriales de revistas de México, en su línea «esotérica» de revistas mensuales publica *Devoción a la Santa Muerte*, así como *San Judas Tadeo* y *Trolls*. En otra categoría de revistas, también publica *Mi boda*, *Tatuajes* y *Pickups*.

La editorial imprime 25 000 ejemplares al mes de la *Devoción*, que se distribuyen en los puestos de periódicos de todo el país, donde se venden a un precio de 28 pesos. Entre las diferentes secciones de la revista, la denominada «Altar» abarca el mayor número de páginas, 12 de un total de 31. En esta sección los devotos exhiben con orgullo los altares de sus casas en fotografías de alta calidad y explican a los lectores cómo han ido creando amorosamente un espacio sagrado para la Dama Poderosa en la intimidad de sus hogares. En el número 118 de esta publicación, Verónica García, de la colonia San Cosme de la ciudad de México, muestra con orgullo los inusuales vestidos que ha tejido para las estatuas de la Santa Muerte. La leyenda que aparece debajo de la fotografía, donde se muestra una de las estatuas vestida con un traje tejido en azul y blanco, reza: «Los García mantienen su altar impecable. Lo limpian y regularmente colocan ofrendas» (p. 27).

Instrucciones de rituales, preguntas y respuestas, consejos, testimonios de milagros recibidos y sueños sobre la Niña Blanca integran las otras secciones en las que casi en cada página aparece una fotografía de la Santa. En el mismo número (118) en el que los García muestran su altar a las cámaras, hay una descripción de rituales de la Santa Muerte destinados a eliminar la energía negativa de su vehículo. Además de rociar el automóvil en cuestión con aerosol de abrecaminos, se indica a los lectores que recen: «Oh, mi gran Señora, desde lo más profundo de mi corazón y con enorme fe, te pido que me mantengas alejado del peligro y que quites de mi camino cualquier maldición o gente que quiera dañarme, y no permitas accidente alguno en mi camino. Que tu voluntad se cumpla».

Los devotos que buscan instrucciones de rituales más detallados y colecciones de oraciones pueden elegir entre varios libros, folletos y manuales en español publicados en México. El más común, que se vende tanto en línea como en yerberías de México y de los Estados Unidos, es *La Biblia de la Santa Muerte*, publicada por Editores Mexicanos Unidos. El anuncio promocional de la cubierta posterior invoca a la resolución de problemas personales: «Encuentra la solución de problemas familiares, goza de protección contra tus enemigos, evita robos, ampara a tus hijos, haz prosperar tu negocio y más, mediante la oración y devoción a la Santa Muerte». En el párrafo siguiente, Pablo López y Marcia Nielsen, autores de varios libros de santería, subrayan la utilidad de este libro de 96 páginas: «En este libro hallarás un compendio de oraciones, rituales, semanarios y reglas primordiales para su culto. Podrás acercarte a ella y pedirle desde un consejo, o la mejoría de tu salud y economía, hasta el resguardo de tu negocio y aprenderás a agradecer los favores concedidos. Todo a través de *La Biblia de la Santa Muerte*».

En forma extraña, la imagen de la Santa Muerte que aparece en la portada no es la figura femenina usual. Antes bien, el esqueleto, con una túnica negra que sostiene en una mano una guadaña fabricada con una espina dorsal humana y en la otra la Tierra, tiene un aspecto definitivamente andrógino. La mayor parte de los folletos y de los manuales tienden a ser versiones abreviadas de *La Biblia de la Santa Muerte*, y se enfocan más en las oraciones que en los rituales. Como reflejo del aumento de los devotos de habla inglesa, en 2008 se publicó en inglés *The Magical Powers of the Holy Death*, la primera guía importante sobre rituales en esa lengua. La mayor parte de los vendedores de artículos esotéricos y objetos rituales en línea venden el folleto.

La santa esquelética también ha permitido obtener ganancias a algunos novelistas mexicanos y estadounidenses que la han retratado en obras de ficción. Cabe destacar al escritor mexicano, también ecologista y antiguo diplomático, Homero Aridjis, quien en su libro de cuentos *La Santa Muerte: Sexteto del amor, las mujeres, los perros y la muerte*, de 2004, mostró a la Huesuda ante muchos de sus compatriotas. El primer cuento, un relato escabroso pero absorbente, describe a la Santa en términos de una Sombría Segadora como sacada de una mala película de terror. Aridjis se caracteriza a sí mismo como Miguel Medina, reportero mexicano de asuntos policíacos que recibe una misteriosa invitación para asistir a la fiesta de un importante capo de la droga con motivo de su 50 aniversario. Durante las 24 horas que dura la bacanal en un rancho en las afueras de la ciudad de México, a la que asisten poderosos narcotraficantes, políticos, actores e incluso obispos católicos, Aridjis presencia en secreto un sacrificio humano satánico en el que uno de los invitados a la fiesta es acuchillado frente

172 LA SANTA MUERTE

al altar de la Santa Muerte que está en la casa del capo de la droga. En una entrevista reciente, Aridjis aseveró que su cuento era un relato de ficción sobre sucesos que él había presenciado en una fiesta de cumpleaños ofrecida a la Santa Muerte.[12] En su tercera edición, el libro ha generado jugosos beneficios al intelectual mexicano, que no es un devoto y que además ha molestado a muchos de los fieles de la Santa Muerte que lo han leído, en especial a aquellos vinculados a doña Queta, pues no están de acuerdo con el retrato que hace de la Huesuda como una hechicera satánica.[13] Para el escritor irlandés de novelas policíacas John Connolly, las ganancias generadas por el Ángel Oscuro han sido aún mayores. Su novela *El ángel negro* de 2005, la quinta de una serie, lo ayudó a elevar sus ventas a más de siete millones. En su sitio web, Connolly considera a la Santa Muerte como una de sus tres principales fuentes de inspiración para su libro de 624 páginas.

LA MUERTE VIRTUAL

Sin embargo, más que leer novelas, los devotos –especialmente los más jóvenes– son más afectos a leer (y escribir) sobre la Dama Poderosa en internet. Aunque la mayoría de los creyentes no tiene acceso a internet en casa, los café-internet se han propagado en México y en general cobran alrededor de 15 pesos la hora. A mediados de 2013 encontré 106 páginas de Facebook y ocho sitios web dedicados a la santa esquelética. Varias bandas de rock y cientos de usuarios de Facebook y Twitter se han apropiado de Santa Muerte, Santísima Muerte, Holy Death y Saint Death como sus nombres de usuarios, pero sus páginas no se centran en la santa popular. Aunque los sitios de Facebook pueden resultar fascinantes, en este caso son menos relevantes debido a que no se trata de espacios abiertamente comerciales que vendan productos y servicios de la Santa Muerte. Más bien consisten en testimonios, oraciones y ligas con otros sitios de la Santa Muerte. El mensaje que la adolescente Karen Silva colocó en septiembre de 2010 en una página de Facebook de la Santa Muerte es típico de este género: «Dudo q viva mucho pero espero q la Santa Muerte me guíe con seguridad en la vida hasta que sea mi tiempo. Dios, cuida a mis seres queridos, porfa».[14]

De los ocho sitios web dedicados a la Niña Blanca, Red Santa Muerte (http://santamuerte.galeon.com) es el más completo y aparece en décimo lugar en una búsqueda en Google sobre la Santa Muerte. El sitio está organizado en secciones como «Librería», «Altar», «Historia», «Noticias» y «Novenas». En otras tres secciones, «Tienda de la Santa Muerte», «Platería Santa Muerte I» y «Platería Santa Muerte II», se ofrecen estatuillas y joyería con la imagen de la santa esquelética. Se dice que uno de los colgantes que se venden en la sección «Platería Santa Muerte II», y que cuesta 40 dólares más gastos de envío, fue elaborado por artesanos de Taxco, la famosa ciudad mexicana de fabricación de artículos de plata. No podemos saber con exactitud las ganancias que la venta de joyería y efigies de la Santa producen a los dueños del sitio web, pero por lo visto son suficientes para aparecer en los primeros lugares de las búsquedas de Google sobre «Santa Muerte» y pagar las cuotas que Galeon.com les cobra por ocupar el sitio.

Con mucho, la sección más interesante del sitio es el foro, una especie de muro de oración virtual en el que los devotos se dirigen directamente a su patrona esquelética pidiéndole algún milagro o agradeciéndole lo que ya les concedió. Una devota de la Santa Muerte anónima envió la siguiente petición en el foro del 14 de septiembre de 2010: «Niña Bonita, hoy pude pagar. Te doy las gracias por esto, pero no pude vender todo. Todavía tengo deudas. Si tuviera ventas, no tendría que pedir préstamos. Tú eres poderosa, entonces no permitas que pase esto. Por favor, dame ventas».

Dos de los ocho sitios web dedicados a la Huesuda son páginas de los templos de la Santa Muerte. Uno es el del lugar sagrado de Los Ángeles (http://templosantamuerte.com), en el cual los profesores Sisiphus y Sahara ofrecen clases, dan consultas y, desde inicios de 2011, venden atavíos y objetos de la Dama Poderosa en las nuevas secciones «Ropa» y «Productos». El sitio se ha vuelto mucho más comercial desde que lo visité por primera vez hace algunos años. En todas las páginas, incluyendo la *webcam* en vivo que enfoca el altar del templo, aparece un anuncio bastante grande de un local de tacos de Los Ángeles, Tacos el Patio. Sisiphus y Sahara también intentan obtener ganancias por medio de donaciones. Presionando el botón rojo que dice «Donar», localizado en la esquina superior derecha de cada sección, el posible donador se encuentra con una forma de PayPal en línea que acepta todas las tarjetas de crédito importantes. En cambio, el sitio web del padrino de la Santa Muerte, David Romo, el «Único Santuario Nacional de la Santa Muerte» (http://www.santamuerte.org/santuarios/mexico/3039-unico-santuario-nacional-de-la-santa-muerte.html), no vende productos ni servicios ni solicita donaciones, lo que contrasta con la plétora de cajas de donaciones que existen en su templo de la ciudad de México.

La Flaquita también ha contribuido a la prosperidad de algunos cineastas y productores de televisión que la han presentado en sus películas y series de televisión. Además del documental de Aridjis y de la polémica obra de Paco del Toro, en algunas películas recientes ha aparecido la santa esquelética. *Not Forgotten*, dirigida por el israelí Dror Soref, es la única película de habla inglesa que hasta la fecha se centra en la Santa Muerte. La Santa de Soref es la satánica Sombría Segadora de la veladora negra, que participa en rituales oscuros y que preside un aquelarre de secuestradores y otros devotos siniestros. El protagonista, Jack Bishop (representado por Simon Baker), pronuncia las palabras más memorables de la película: «¿No resulta gracioso que las personas se vuelvan muy religiosas cuando les va mal? Una vigilia con veladoras y plegarias fue una buena idea. Pero lo que no sabían es que hay ciertas cosas que no le puedes pedir a la Virgen». A pesar del retrato algo estereotipado de la santa esquelética, la película es una especie de *thriller* absorbente.

LA MUERTE EN LA PANTALLA PEQUEÑA

La Santa Muerte también ha aparecido en dos series de televisión que se transmitieron en los Estados Unidos en los últimos años. Una de ellas, *Breaking Bad*, ha tenido muy buenas críticas. Fue la primera serie de televisión que vi completa ya de adulto. Había tratado de ver la serie dramática *Twin Peaks* a principios de 1990, pero me perdí varios episodios. Por primera vez vi un episodio de *Breaking Bad* hace un par de años, cuando visitaba a un amigo en Houston. Me intrigó el postulado de un profesor de bachillerato que enseña ciencias y decide «cocinar» metanfetaminas de cristal para mantener a su familia cuando se entera de que tiene un cáncer terminal. En el episodio que vi en casa de mi amigo, el personaje principal, Walt, elabora la droga en un laboratorio casero montado en una vieja caravana junto con un antiguo estudiante suyo mucho menor que él. Pasaron muchos meses antes de que viera otro capítulo, pero el argumento cautivador, la soberbia actuación y los escenarios de Nuevo México, donde viven mis padres, me indujeron a hacer el intento de ver el resto de la serie.

Para mi gran sorpresa y emoción, la tercera temporada empezaba en marzo de 2010 con una escena llamativa en la que dos pistoleros michoacanos de aspecto siniestro (lo que pude distinguir por el *zoom* en la placa de su Mercedes de modelo reciente) estacionan su lujoso auto en un camino polvoso que conduce a una choza aislada y se tiran al suelo con sus trajes de seda para unirse a los aldeanos que se arrastran gateando hacia la choza de adobe. Una vez dentro, los asesinos michoacanos se acercan a una estatua de tamaño natural de la Santa Muerte, le rezan y a continuación colocan en el altar un esbozo hecho a lápiz de Walt, el profesor de ciencias que se ha vuelto fabricante de metanfetaminas. En forma errónea, los dos matones creen que Walt mató a su primo, un narco de Albuquerque, y le piden a la santa esquelética que los ayude a hacer justicia. No queda muy claro si la Niña Bonita reaparecerá en episodios futuros, pero este en particular ha tenido muy buenas críticas para el productor Vince Gilligan.

La Flaquita también ha aparecido en un drama policíaco que ha sido menos aclamado, *Dexter*. Dos hermanos venezolanos inmigrantes cometen un asesinato en Miami bajo la tutela espiritual de la Santa Muerte. Algunos aficionados de la serie de origen venezolano y mexicano se quejaron en los blogs relacionados con *Dexter* por el error de caracterizar a la Santa Muerte como un fenómeno venezolano, y probablemente tenían razón en alegar ignorancia de los productores del programa.[15] Sin embargo, noticias recientes confirman la presencia de la santa esquelética mexicana en la nación sudamericana.[16]

EL ROCK DE LA MUERTE

Por último, de acuerdo con la habilidad sobrenatural de factótum que posee la Santa, la Dama Poderosa también ha generado ingresos a músicos que la han alabado en sus canciones, y que incluso han tomado su nombre para designar a sus propias bandas o dar título a un álbum. En el capítulo 3, al tratar el tema de la vela votiva negra, ya hablamos del grupo de *hip-hop* llamado el Cártel de Santa y de los cantantes de corridos Beto Quintanilla y Los Cadetes de Linares. Además de estos grupos mexicanos, la banda Kommunity FK, de Los Ángeles, pionera del rock de la muerte, puso a la venta su último CD, titulado *La Santísima Muerte*. Fiel al género musical, *La Santísima Muerte* tiene un sonido oscuro y siniestro. A pesar de la relevancia de su último disco, Kommunity FK no ha tocado en el Santa Muerte Music & Arts Festival, celebrado en Tucson todos los veranos desde que se inició en 2010.

Los organizadores anunciaron este evento, de nombre singular, como un «acontecimiento de dos días que celebra el folclor del suroeste presentando a algunos de los músicos marginales más importantes y a los artistas visionaros internacionales más vanguardistas. Es un suceso de base popular creado e inspirado por los artistas y los músicos». Blinde Divine, Ensphere y Flam Chen of All Souls Procession figuran entre los músicos marginales que han actuado. Así, desde la ayuda proporcionada a sus devotos más humildes para que encuentren trabajo hasta el patrocinio de festivales comunitarios, la Huesuda cumple una de sus misiones más importantes: otorgar.

NOTAS

[1] Officialwire.com, «Mexico's arrival numbers continue to decline», 2 de febrero de 2010, en http://www.eturbonews.com/14176/mexicos-arrival-numbers-continue-decline

[2] Laurence Iliff, «Remitances to Mexico fall 36%», *Wall Street Journal*, 1 de diciembre de 2009, en http://online.wsj.com/article/SB125968197266271325.html

[3] *Latin American Herald Tribune*, «Remitances to Mexico fall 14% in no-vember», 4 de enero de 2010, en htpp://www.laht.com/article.asp?Artic leId=349774&CategoryId=14091

[4] CIA *World Factbook*, htpp://www.cia.gov/library/publications/the-world-factbook/geos/mx.html

[5] htpp://data.worldbank.org/country/mexico

[6] www.huffingtonpost.com/2012/0/4/01/mexico-santa-muerte-murders-family-investigated-cult-killings_n_1395176.html

[7] Daniel Workman, «Top ten sugar exporters: Brazil, EU, Australia & Thailand best countries for sugar importers,» *Suite 101.com*, 22 de junio de 2007, en http://www.suite 101.com/content/top-ten-sugar-exporters-a24351#ixzziGazBTpH

[8] wiseGEEK, «What is polyresin?», en http://www.wisegeek.com/what-is-polyresin.htm

[9] DealBook (*New York Times blog*), «For Madoff auction, even jewels lack luster», 15 de noviembre de 2009, en http://dealbook.nytimes.com/2009/11/15/for-madoff-auction-even-jewels-lack-luster

[10] En Eva Aridjis (dir.), *La Santa Muerte*, Navarre, 2008.

[11] *Today*, sitio web, «The top ten most tattooed cities in America», en http://today.msnbc.msn.com/id/38722211

[12] Homero Aridjis, entrevista con el autor, 16 de enero de 2011.

[13] Enriqueta Romero, entrevista con el autor, 3 de julio de 2009.

[14] Facebook, «Santa Muerte», en http://www.facebook.com/pages/Santa Muerte/106094129421441

[15] Dexter Wiki, «Discussion: Santa Muerte from Venezuela?», http://dexterwi-ki.sho.com/thread/4288255/SANTA+MUERTE+from+VENEZUELA%3F

[16] Luis Manuel García, «Culto a la Santa Muerte: Un fenómeno devocional en ascenso», *Diario La Voz*, 3 de julio de 2010, en http://www.diariolavoz.net/seccion.asp?pid=18&sid=1050&notid=323230

CAPÍTULO 6

VELADORA MORADA
CURACIÓN

CURADO POR LA MUERTE

EN LA PELÍCULA MEXICANA DE 1960, *Macario*, basada en una novela corta de B. Traven de 1950, la muerte se aparece en forma de un agricultor mexicano a un campesino y leñador de la época colonial, Macario, quien se está muriendo de hambre. Macario ha emprendido una huelga de hambre para protestar por su pobreza, y se niega a comer hasta que pueda sentarse y disfrutar, él solo, de un guajolote asado completo. Para evitar que Macario se muera de hambre, su esposa roba un gran guajolote, lo asa perfectamente y se lo da a su esposo, quien ya se encuentra muy debilitado. El demacrado campesino busca un lugar tranquilo en el bosque para disfrutar su guajolote en paz, pero tres visitantes consecutivos no lo dejarán comer: El Diablo, disfrazado de fino caballero; Dios, con aspecto del Padre Tiempo; y la Muerte, que se presenta como otro campesino. Todos le piden que comparta con ellos su exquisita comida. Al considerar que tanto el Diablo como Dios tienen los recursos para conseguir sus propios guajolotes, Macario los manda a volar. Sin embargo, sí acepta compartir su alimento con la Muerte, y como señal de gratitud, el hambriento Sombrío Segador otorga a Macario la capacidad de curar a los enfermos mediante un agua sagrada, con la condición de que si la Muerte aparece en la cabecera de la cama del enfermo, Macario deberá entregarle la vida de esa persona. En poco tiempo, el leñador empobrecido se convierte en un famoso curandero en el pueblo, y salva de las garras del Sombrío Segador a muchas personas que están a punto de morir. Todo va bien hasta que Macario trata de desafiar a la Muerte cuando aparece en la cabecera del hijo enfermo del virrey. La película termina cuando la esposa de

Macario lo encuentra muerto en medio del bosque –aunque con cara de satisfacción–, junto a la mitad del guajolote que no se alcanzó a comer.

Aunque en *Macario* la Muerte toma la forma del Sombrío Segador de la tradición europea, y no la de la Santa Muerte, es revelador que el poder que este personaje le concede al hambriento leñador sea el de curar a los enfermos. De entre todas las ricas paradojas presentes en el culto a la Huesuda, tal vez su condición de curandera poderosa sea una de las más interesantes. En fuerte contraposición, en las culturas occidentales la Muerte en general es considerada portadora de enfermedades y pestes. Recuérdese que la imagen del Sombrío Segador apareció durante la peste negra, que envió a un alto porcentaje de europeos prematuramente a sus tumbas.

La idea de la Muerte como un agente curativo, sin embargo, existe tanto en el folclor germánico como en el mexicano. De hecho, para escribir Macario, B. Traven se inspiró en el cuento alemán *El ahijado de la muerte*, popularizado por los hermanos Grimm, así como en una de sus variantes mexicanas. El relato de los hermanos Grimm presenta a la Muerte en el papel de padrino de un niño pobre que se convierte en un médico famoso al usar un ungüento curativo que el padrino le entrega en un contenedor especial. Con la excepción del interés romántico del joven por la bella hija del rey, el cuento es esencialmente igual al argumento de *Macario*. Resulta interesante que el padre, tras haber rechazado los ofrecimientos de Dios y del Diablo, escoja a la Muerte para que apadrine a su hijo número 13. El padre rechaza a Dios por favorecer a los ricos mientras que permite que los pobres se mueran de hambre. Y aunque el Diablo tienta al hombre pobre con grandes cantidades de oro, este lo manda a volar por engañar a la humanidad. Sin embargo, al hombre empobrecido le agrada lo que oye cuando se encuentra con la Muerte en el camino y le pregunta quién es: «Soy la Muerte, que hace a todos igual». El padre de 13 responde con entusiasmo: «Tú eres la persona indicada: te llevas tanto a los ricos como a los pobres sin hacer diferencias; tú debes ser mi compadre».[1] Los devotos de la Santa Muerte se hacen eco del sentimiento del hombre pobre del cuento de los hermanos Grimm cuando sostienen que uno de los atributos más atractivos de su Madrina es que «no discrimina».

En una de las variantes mexicanas del cuento, *La Muerte madrina*, la Sombría Segadora es femenina y se convierte en madrina del niño. Al igual que en las otras versiones, la Muerte le confiere poderes curativos a su ahijado, quien después desafía a su madrina al tratar de prolongar la vida de la mujer a la que ama. El castigo es rápido y justo. Su lúgubre madrina apaga las dos veladoras que representan la vida de su ahijado y la de su amada. Siguiendo la forma clásica de una tragedia romántica, los dos jóvenes amantes mueren simultáneamente.

Así, inspirándose en los antecedentes culturales, tanto europeos como mexicanos, en los que la Muerte posee inmensos poderes curativos, y valiéndose de la tradición bien establecida de los santos (tanto canonizados como populares) que curan por la fe, en solo una década la Santa Muerte se ha convertido en una de las curanderas más importantes en el ámbito religioso mexicano. A juzgar por el reducido número de veladoras moradas en los altares y en los espacios sagrados, podría suponerse que los milagros de sanación no figuran entre los más importantes del culto. Sin embargo, las apariencias engañan. Muchos devotos que buscan una curación o que dan gracias por la recuperación de la salud ofrecen veladoras blancas o amarillas en lugar de las moradas, que son más recientes y menos populares. La veladora amarilla tiene una relación particular con la recuperación del abuso de sustancias adictivas, en tanto que la blanca tiende a emplearse para todo tipo de problemas de salud. El hecho de que tres diferentes colores de veladoras estén vinculados a la búsqueda de la salud revela la gran importancia que tiene el papel de la Dama Poderosa como médica sobrenatural.

MÁS ALLÁ DE LA MUERTE

La gran importancia que la fe tiene en la curación dentro del culto de la Santa Muerte no debería sorprender a los lectores que estén familiarizados con la religión popular de Latinoamérica. En mi obra anterior sobre el pentecostalismo en Brasil, mostré que la dialéctica entre la enfermedad relacionada con la pobreza y la curación por la fe habían catapultado esta rama del protestantismo carismático hasta colocarla en un lugar destacado en el ámbito religioso de Brasil y gran parte de

Latinoamérica.[2] En la ciudad amazónica de Belém, un converso tras otro me revelaron que se habían convertido a las Asambleas de Dios, a la Iglesia del Evangelio Cuadrangular y a algunas otras denominaciones justo cuando atravesaban por una grave crisis de salud, que en el caso de las mujeres también era válido si se trataba de un miembro de su familia o de sí mismas. Para los latinoamericanos empobrecidos, el Jesús pentecostal es sobre todo el Doctor de los Doctores, que cura a sus pacientes de sus aflicciones terrenales. En un sentido similar, una de las funciones esenciales de los santos latinoamericanos, tanto canonizados como populares, es la de curar a los devotos de sus males. Algunos santos latinoamericanos populares en su tiempo fueron famosos curanderos, como el Niño Fidencio, que vivió en el estado mexicano de Nuevo León en las primeras décadas del siglo xx. Es más, no sería del todo descabellado argüir que los santos más populares de la región generalmente son los que tienen reputación de poderosos curanderos.

SOCIOS DE LA MUERTE
(HASTA QUE LA MUERTE NOS SEPARE)

Aunque la Santa Muerte ha adquirido con rapidez la reputación de ser una curandera formidable, sus contrapartes masculinas de Guatemala y Argentina se concibieron originalmente como curanderos. El mito de creación del Rey Pascual, el santo popular guatemalteco, es un relato fascinante del sincretismo católico y maya en que el santo original español, Pascual Bailón, se transforma en un santo esquelético popular que en la actualidad se venera en Olintepeque y Tuxtla Gutiérrez, la capital de Chiapas, el estado más meridional de México. Pascual Bailón, el santo canonizado, fue un fraile franciscano de Aragón que vivió durante la segunda mitad del siglo xvi y fue conocido por su misticismo y su actitud contemplativa. La Iglesia lo beatificó en 1618, unas cuantas décadas después de su muerte, y lo canonizó en 1690. Aunque nunca pisó América, a su aparición en Guatemala en 1650 ante un hombre maya gravemente enfermo se le atribuye el fin de una epidemia virulenta.

La leyenda cuenta que el santo español se apareció a los pies del lecho de muerte de un prominente hombre *kaqchikel* en la figura de un alto esqueleto cubierto de un hábito luminiscente y se presentó a sí mismo como San Pascual, a pesar de que faltaban más de cuarenta años para que fuera canonizado. En la típica relación de *quid pro quo* que caracteriza a la religión popular en Latinoamérica, el santo esquelético ofreció acabar con la epidemia en la región *kaqchikel* de Sacatepéquez, la actual Ciudad Vieja, si la comunidad lo adoptaba como su santo patrón. Como prueba de sus poderes santos, Pascual predijo que la persona a quien se le había aparecido sucumbiría en nueve días a causa de la alta fiebre, pero al mismo tiempo la epidemia llegaría a su fin. Cuando se corrió la voz de la correcta predicción del santo, su imagen, para gran consternación de la Inquisición española, se volvió cada vez más popular en la región durante el período colonial.[3] Al paso del tiempo, el Rey Pascual ha ampliado su repertorio de tareas para convertirse en el factótum milagroso que es hoy en día. Sin embargo, su primer milagro como santo esquelético popular en Guatemala fue en el papel de curandero, y este poder milagroso en particular sigue siendo el cometido esencial que lleva a cabo el Rey Pascual actualmente.

En sentido similar, uno de los mitos más comunes sobre el origen del santo esquelético argentino, San la Muerte, gira en torno a la enfermedad y la curación. En la última parte del período colonial español, un renombrado chamán se hizo cargo de leprosos abandonados en un área remota de la actual provincia de Corrientes. Algunos relatos identifican al chamán como un fraile franciscano o como un jesuita que permaneció en la Colonia tras la expulsión de esta orden. Su obra caritativa, consistente en proporcionar agua y atender las necesidades de la colonia de leprosos, se terminó abruptamente con el regreso de la Iglesia católica a la región. Al entrar un día en una aldea para atender a los enfermos, el chamán fue arrestado y puesto en prisión con los leprosos por petición de los clérigos. Como protesta por el injusto castigo, el chamán se negó a comer, sentarse y acostarse. Apoyado en un bastón invertido en forma de *L*, el chamán lentamente se fue desvaneciendo. Mucho tiempo después se encontró su esqueleto, de pie y con el hábito puesto.[4]

Siglos después, San la Muerte todavía dedica mucho tiempo a atender a los enfermos. En agosto de 2010 un devoto dejó la siguiente petición en uno de los altares virtuales en línea:

> Glorioso santito, hoy recurro a ti en malas condiciones. A las 5:00 se van a llevar al hospital a NRL para que lo operen mañana. Por favor, haz que todo salga bien. Y si este es el resultado del mal enviado en su camino, permíteme que lo conozca y usa tu guadaña para quitar del camino a los responsables para que desaparezcan de nuestras vidas y del mundo; todos ellos, pero especialmente MBL. Amén.

Esta, desde luego, es una súplica doble que involucra la veladora morada, para curación, y la negra, de venganza. Con bastante frecuencia, en los tres cultos de los santos esqueléticos, la curación de una persona representa el daño a otra.

Se recordará que el incipiente culto público de la Santa Muerte no cuenta con un mito de origen unificado. Sin embargo, las evidencias de su importancia como curandera abundan en las oraciones, rituales y testimonios de sus devotos. Junto con las plegarias para protección y prosperidad, las que piden curaciones figuran entre las más prominentes en *La Biblia de la Santa Muerte*. Probablemente la mayor parte de los devotos de la Santa Muerte se ganan la vida haciendo algún trabajo manual, así que les es imperativo mantener sano su cuerpo. Las enfermedades físicas que impiden a los individuos trabajar pueden tener consecuencias financieras desastrosas. La *Oración para la salud para el cuerpo* seguramente se creó con esta idea en mente.

> Santísima Muerte, protectora, dueña y Señora de la vida. Ángel que nuestro padre creó para ayudar y servir. Hoy te imploro y te suplico que me concedas la salud y la vida de (di el nombre), que sus días sobre la Tierra perduren, que su cuerpo recobre el vigor y la energía, tú que lo puedes todo, sálvalo y hazlo volver a su estado de salud; yo te imploro, te lo pido en este día y en esta hora, por Jesucristo vencedor en la cruz, conmuévete y tráelo de regreso.[5]

HÁBITOS MORTALES

Además de curar los cuerpos quebrantados de sus devotos, la Dama Poderosa ayuda a su grey a superar el abuso del alcohol y otras drogas. El hecho de que el culto de la Santa Muerte cuente con una vela votiva especial –la amarilla– y con oraciones especiales para los devotos que tratan de dejar el hábito, da testimonio de la importancia del papel de la Santa como consejera sobrenatural de la rehabilitación. No existen cifras precisas sobre la incidencia del abuso de drogas y alcohol entre los mexicanos y los estadounidenses, pero la mayor parte de las estimaciones indican que entre 5% y 10% de la población de los Estados Unidos es alcohólica. Basándome en estudios académicos y en mi experiencia personal en México y los Estados Unidos, puedo atestiguar un patrón de atracones de alcohol entre una considerable minoría de hombres. En contraste con el patrón europeo habitual de un consumo frecuente en pequeñas cantidades, como una o dos copas de vino con la cena, millones de mexicanos y estadounidenses beben grandes cantidades de fuertes licores y cerveza en juergas que generalmente tienen lugar los fines de semana. Yo mismo he participado en tales francachelas con amigos y parientes varones, y he sido objeto de bromas por dejar de beber después de haber ingerido varios tequilas o cervezas. Nunca me ha atraído emborracharme. Concordando con mi propia experiencia, un estudio estima que 75% del alcohol disponible en México fue consumido por solo 25% de los bebedores,[6] en tanto otro estudio sostiene que, con un patrón muy similar, en los Estados Unidos 20% de los bebedores consumen 80% del alcohol disponible.

Aparte del consumo de alcohol, que es la droga de la que más se abusa, está creciendo la adicción a los mismísimos psicotrópicos que los cárteles mexicanos exportan en grandes cantidades. Aunque el mercado de drogas ilícitas en los Estados Unidos sigue siendo, con mucho, el más grande del mundo, el mercado doméstico mexicano ha crecido considerablemente desde la década de 1980. En los últimos decenios se han abierto cientos de nuevos centros de rehabilitación, los cuales se especializan en el abuso de las metanfetaminas, la cocaína, el éxtasis, y la heroína. El abuso de estimulantes y narcóticos ya no es solo un «problema estadounidense». Una joven reclusa de una penitenciaría para mujeres de la ciudad de México, que aseguró haber pintado más de mil imágenes de la Huesuda para sus compañeras prisioneras, aún no había pedido a su patrona espiritual que la ayudara a recuperarse de su vicio, pero explicó que la Santa la asistía cuando se drogaba en su celda, protegiéndola de una sobredosis.[7] En este caso vemos nuevamente la atracción que ejerce la Santa Muerte por su actitud acrítica. Los devotos que aún no están dispuestos a dejar su hábito pueden pedir a la Madrina que los cuide cuando se drogan. Los adictos que desean abandonar su adicción, así como sus seres queridos, pueden rezar la *Oración para quitar un vicio*:

Santísima Muerte de Luz de Luna. Tú que dominas la dimensión terrena. Tú que promueves la dicha y que haces recordar que la felicidad antes de tu llegada es la finalidad en esta vida. Santísima Muerte de Luz de Luna, retira vino, drogas y otros vicios y trae a mi hogar la tranquilidad. Ayuda a (se menciona el nombre de la persona) para que caiga de sus ojos la venda y la transformación encuentre su ruta verdadera. Muestra claramente las razones por las que el vicio no debe anidar en los corazones, para que no devoren su luz interna y posa tus alas color de luna en su espíritu para que sienta tu poderosa presencia. Santísima Muerte de Luz de Luna, retira vino, drogas y otros vicios y trae a mi hogar la tranquilidad. Siete semillas esparzo en la tierra y sea tu nombre el que fertilice la decisión que conducirá a nuevas situaciones que mediante el respeto abran las puertas de la luz. Santísima Muerte de Luz de Luna, retira vino, drogas y otros vicios y trae a mi hogar la tranquilidad. Muerte Protectora y Bendita, por la virtud que Dios te dio, quiero que me libres de todos los maleficios, de peligros y enfermedades, y que a cambio me des Suerte, Felicidad y Dinero. Quiero que me des amigos y que me libres de mis enemigos, haciendo que (di el nombre) se presente ante mí, de forma humilde a pedirme perdón, manso(a), fiel a sus promesas, que siempre sea amoroso(a) y sumiso(a) para toda la vida. Amén. (*Se rezan tres Padres Nuestros*).[8]

La oración está claramente destinada a los miembros de la familia y amigos que desean la recuperación de una persona querida. Y aunque está escrita en un estilo que incluye a ambos géneros, pareciera estar mucho más dirigida a las esposas y novias que sufren las consecuencias de tener una pareja adicta a la drogas. La solicitud a la Santa Muerte para que el adicto regrese humilde y sumiso, recuerda la clásica plegaria de vinculación amorosa o *amarre* impresa en las veladoras rojas, que por supuesto está dirigida principalmente a mujeres rechazadas. Además, los hombres mexicanos abusan mucho más de las drogas que las mujeres, de modo que, con más frecuencia, son esposas, novias y madres quienes piden a la Dama de las Sombras que haga regresar a sus hombres al lugar de la luz, libres de las tiránicas adicciones.

Un antiguo guía de la oración en el rosario mensual de doña Queta, Jesse Ortiz Piña, habla como un converso pentecostal al describir cómo la Niña Blanca lo ayudó a dejar sus hábitos de irse frecuentemente de juerga y tomar cerveza. «La Santa Muerte –dice– me hizo más responsable en el trabajo y en la casa».[9] De hecho, en mi investigación anterior sobre el pentecostalismo en Brasil encontré que la principal razón de que los hombres se convirtieran al protestantismo carismático era para dejar de beber: 40% de los hombres que entrevisté en la ciudad amazónica de Belém se convirtieron al pentecostalismo por su deseo de abandonar el alcohol. De forma similar, un porcentaje sustancial de mujeres recurrieron al Jesucristo pentecostal en busca de que curara a sus esposos e hijos del problema del alcoholismo.[10] Resulta notable en este caso que, para algunos seguidores de la santa esquelética, ella actúa como una curandera evangélica que logra que superen la adicción a las drogas y ofrece una transformación personal radical. La adicción al alcohol, a las metanfetaminas o a la cocaína es terriblemente difícil de superar, por lo que no debería sorprendernos que, para muchos drogadictos, la esperanza de experimentar una transformación completa resulte atractiva, y que a menudo sea un paso necesario para su recuperación.

Aun así, resulta intrigante pensar que la misma santa, cuyos altares se encuentran inundados de tequila y cerveza, y que no es precisamente un parangón de sobriedad, sea capaz de ofrecer el mismo tipo de curación radical del abuso de drogas que proporcionan Jesucristo y el Espíritu Santo pentecostales. Dado que los pentecostales conciben a Jesús como un abstemio, es más fácil entender que este obrador de milagros sirva de modelo de sobriedad y no una santa esquelética muerta de sed. Pero en esto radica una de las grandes ventajas de la Santa Muerte en el cada vez más competitivo mercado religioso de México, e incluso en la economía de la fe más amplia en los Estados Unidos. Mucho más que Jesucristo, que los santos canonizados y que la miríada de advocaciones de María, la identidad actual de la Santa Muerte es sumamente flexible. Para muchos devotos, como Jesse Piña, la Niña Bonita también es una hacedora de milagros, que al igual que Jesús y los santos ofrece y alienta una transformación personal positiva como parte de su repertorio de curaciones.

Para otras personas, cumple la función de una hechicera amoral que ofrece curaciones sin exigir un cambio en la conducta, e incluso en ocasiones causando daño a otros. Recuérdese a la seguidora argentina de San la Muerte, mencionada anteriormente, que le pedía al santo esquelético que favoreciera una operación con éxito para su amado y que, al mismo tiempo, usara su «guadaña para quitar del camino a los responsables para que desaparezcan de nuestras vidas y del mundo; todos ellos, pero especialmente MBL». A medida que su culto se desarrolle, es muy posible que en el futuro se establezca una identidad más determinada. Sin embargo, en este momento histórico particular, la Madrina posee tanto identidades cristianas como no cristianas, dependiendo de cómo la perciban los devotos.

LA MUERTE DE LAS LIMPIAS

Para pedir a la Santa Muerte que termine con sus malestares, los devotos no solo cuentan con plegarias específicas, sino con algunos rituales. *La Biblia de la Santa Muerte*, por ejemplo, contiene cinco recetas de rituales para recobrar la salud propia, así como la de la persona amada. El «Primer ritual para la salud» es representativo de este género:

Ingredientes:
1 racimo mediano de ruda.
1 metro de listón morado.
1 veladora de la Salud [morada].
1 frasco de loción de la Santa Muerte.
1 puro.
1 púa de maguey.
1 pluma de tinta negra.

Procedimiento:
Escribe con una pluma de tinta negra todos tus malestares a lo largo del listón, después ata con este listón tu ruda a modo que se forme un ramo. Aplica a todo el ramo de ruda un poco de loción de la Santa Muerte. Enciende el puro y aplica el humo de este al ramo de ruda.

Procede a limpiar con la ruda todo tu cuerpo, de la cabeza a los pies, pasándose repetidas veces el ramo por el área más afectada. Enseguida envuelve el ramo en un periódico y tíralo al bote de la basura.

Con la púa de maguey a todo lo ancho de tu veladora escribe tu nombre completo, después limpia todo tu cuerpo con la veladora de la cabeza a los pies (pasando esta por el área más afectada). Prende tu veladora y reza la oración que viene impresa en esta. Debe estar prendida enfrente de tu Santa Muerte o colócala en su altar, pero siempre pídele a ella sobre tu salud.[11]

Este ritual posiblemente parezca muy familiar a muchos devotos de la Santa Muerte debido a que, salvo la loción de la Santa Muerte, tanto los ingredientes como el ritual provienen directamente de las prácticas curativas populares de México, o del curanderismo. El curanderismo procede, en forma sincrética, de las prácticas curativas españolas, indígenas y, en menor grado, africanas, y tiene el propósito de ofrecer a los mexicanos enfermos una forma más barata de curación y una alternativa más holística que la medicina occidental. La ruda es una planta que llevaron los españoles al Nuevo Mundo, donde continúa sirviendo al mismo propósito que tenía en España y Portugal, e incluso en la Grecia antigua. Como sucedía con el ajo, se creía que la ruda servía para defenderse de los vampiros. Se usó en la Grecia antigua y aún se utiliza en México y en gran parte de Latinoamérica con el fin de protegerse de las brujerías y el mal de ojo, que siguen siendo creencias muy extendidas entre las clases trabajadoras de Iberoamérica. Muchos mexicanos también preparan la yerba amarga en una infusión medicinal, la cual se cree que cura una amplia gama de malestares, entre ellos dolores de cabeza, mareo, tortícolis y algunos problemas del oído interno.[12] En este caso particular del ritual de sanación de la Santa Muerte, la ruda desempeña la función de una especie de esponja limpiadora que absorbe la enfermedad mientras se pasa por las partes afectadas del cuerpo. Tras el ritual de limpieza, la ruda contaminada se tira a la basura, donde no representará un medio potencial de contagio.

Otros dos ingredientes del ritual ayudan a reforzar el poder de limpieza de la ruda. Ya que el morado es el color esencial de la curación, el listón de esta tonalidad, que se ata alrededor de la ruda, refuerza el poder curativo de la yerba. De todos los ingredientes del ritual, el puro, a pesar de ser un carcinógeno, tiene la relación más poderosa con la curación. Los indígenas de toda América fumaban, masticaban y bebían infusiones de tabaco con propósitos medicinales y espirituales. Actualmente, el uso de puros y cigarros en las prácticas curativas populares y en las religiones de la diáspora africana es ubicuo. A mí mismo me han arrojado en el cuerpo el humo del tabaco en dos ocasiones, una por un chamán de habla quechua en Ecuador y otra más reciente por un agresivo guía del culto de la Santa Muerte en Puebla, México, que realizó en mi esposa y en mí un ritual que no le habíamos pedido. En cualquier caso, para la mayor parte de los practicantes de los rituales de sanación de la Santa Muerte, el puro representa un agente poderoso y un símbolo de curación.

Al igual que el tabaco, el maguey, también conocido como la planta centenaria, vincula a los devotos de la Santa Muerte con su pasado precolombino. Los aztecas usaban la planta para diversas enfermedades, como para curar heridas y combatir la gota.[13] Además, los aztecas y otros grupos indígenas del centro de México transformaban el jugo de la planta en una bebida fermentada llamada pulque, que contiene cantidades sustanciales de vitamina B, y que aún sirve como importante fuente de nutrición para un número significativo, aunque cada vez menor, de campesinos empobrecidos en las zonas rurales del centro de México.[14] Tratando de encontrar una bebida más fuerte que el pulque, los españoles de la época de la Colonia destilaron los jugos del maguey y de la planta del agave azul para producir el mezcal y el tequila, respectivamente. En el ritual de sanación de la Santa Muerte, la hoja de maguey se utiliza como instrumento para escribir, no como ungüento medicinal. Así, en esta receta de curación, los múltiples propósitos del maguey actúan como un ingrediente esencial, valiéndose de sus fibras curativas para hacer una inscripción en la vela votiva. Al igual que la ruda, la vela votiva morada también desempeña un papel de agente limpiador que absorbe el mal conforme recorre el cuerpo del doliente. A continuación, las infecciones capturadas en la veladora morada se incineran simbólicamente al dejar que la veladora arda en el altar de la Doctora Muerte.

Por último, al reflexionar sobre la función de la Santa Muerte como curandera, me sorprenden dos aspectos importantes. En primer lugar, los medios masivos de comunicación, con muy raras excepciones, han ignorado sistemáticamente su carácter como una de las más importantes curanderas en el mercado religioso mexicano. En un intento de ganar más lectores y espectadores, los periódicos y las cadenas de televisión siempre destacan el lado sensacionalista y sórdido de los hechos, centrándose invariablemente en la veladora negra de la Santa Muerte, relacionada con el crimen y la violencia. Si hubiera limitado mi estudio sobre la Niña Bonita a los relatos periodísticos, hubiera escrito un libro monocromático que solamente presentaría a la santa esquelética de las velas votivas más oscuras. En segundo lugar, sigo intrigado por la fascinante paradoja de la santa de la muerte que cura cuerpos quebrantados y, al hacerlo, le agrega unos granos más al reloj de arena de la vida.

NOTAS

1   Jacob Grimm y Wilhelm Grimm, *Cuentos de niños y del hogar. T. I*, Madrid, Anaya, 1988, pp. 244-247.

2   Andrew Chesnut, *Born Again in Brazil: The Pentecostal Boom and the Pathogens of Poverty*, New Brunswick, NJ, Rutgers University Press, 1997.

3   Feldman, *The War against Epidemics in Colonial Guatemala, 1519-1821*, Raleigh, NC, Boson Books, 1999, pp. 23-26.

4   Graziano, *Cultures of Devotion: Folk Saints of Spanish America*, Nueva York, Oxford University Press, 2007, p. 77.

5   *La Biblia de la Santa Muerte*, México, Editores Mexicanos Unidos, 2008, pp. 27-28.

6   Linda Bennett *et al.*, «Alcoholic beverage consumption in India, Mexico, and Nigeria: A cross-cultural comparison», *Alcohol Health and Research World 22*, núm. 4, 1998, pp. 243-252.

7   En Eva Aridjis (dir.), *La Santa Muerte*, Navarre, 2008.

8   *La Biblia de la Santa Muerte*, pp. 28-29.

9   Citado en Eva Aridjis, *La Santa Muerte*.

10   Chesnut, *Born Again in Brazil*, p. 58.

11   *La Biblia de la Santa Muerte*, pp. 53-54.

12   Cosmetic Laser Universe, en http://www.cosmeticlaseruniverse.com/Herbal-Medicines-and-Cosmetic-Laser-Treatments-188.html

13   «Maguey- A Plant for Many Purposes», en http://www.plu.edu/-owenam/maguey-plant/home.html

14   Keith Steinkraus, *Handbook of Indigenous Fermented Foods*, 2a. ed., Nueva York, Dekker, 1996, p. 394.

❖-❖-❖-❖-❖

CAPÍTULO 7

VELADORA VERDE
LA LEY Y LA JUSTICIA

LA MUERTE JUSTA

MI CONCEPTUALIZACIÓN ORIGINAL DE ESTE LIBRO no incluía la veladora verde. Antes de empezar a escribir, parecía que los temas de la justicia y la ley quedarían suficientemente iluminados por la veladora negra, en especial en lo que se refiere al sistema de justicia delincuencial. Sin embargo, al terminar ese capítulo y seguir escribiendo, me di cuenta de que la veladora verde necesitaba su propia sección. Aunque la negra y la verde coinciden en ciertos aspectos, el involucramiento de esta última con la justicia social en particular le confiere un lugar separado de los otros capítulos. «La Santa no discrimina» es prácticamente el mantra que pronuncian los devotos cuando se les pide que expliquen su atracción hacia la Madrina.

Aunque no sea uno de los colores más populares de las veladoras del culto, el verde, que simboliza la justicia y los asuntos legales, destaca en la iconografía de la santa esquelética. Además de su significado simbólico original como el utensilio del Segador Sombrío europeo para trillar las almas, la guadaña que esgrime la Santa Muerte también representa un poderoso instrumento de justicia. En una sociedad plagada de injusticas, el hecho mismo de enviar a las almas a su destino final es visto por los devotos como un acto de justicia social. El multimillonario Carlos Slim, junto con otros acaudalados mexicanos, tendrá que dejar sus tesoros terrenales cuando le toque el turno de que la Santa Muerte lo conduzca a su destino final. Así, en su papel de Sombría Segadora, la santa esquelética es una trilladora de almas que da las mismas oportunidades a todos. La guadaña de la Santa Muerte, con su movimiento igualador, arrasa las escandalosas disparidades entre ricos y pobres que están presentes en la vida de México.

En un plano menos metafísico, su iconografía ofrece un símbolo más evidente de la justicia: la balanza. En este caso, sin embargo, la Santa no desempeña especialmente el papel de juez divino que pesa las almas de los mortales para determinar su destino final. Más bien es la abogada sobrenatural que representa a sus clientes devotos, sin importar los delitos que hayan cometido. Sin preocuparse de su inocencia o de su culpabilidad, busca el mejor acuerdo posible para sus clientes en un sistema de justicia disfuncional, caracterizado por la corrupción y la incompetencia. Para los delincuentes y para las víctimas por igual, el sistema legal mexicano suele ser una pesadilla. La víctima de algún delito sabe que las posibilidades de que el perpetrador de ese delito sea aprehendido y castigado son casi nulas. Solo en 2% de los delitos, entre ellos el asesinato, se condena al delincuente. En México, las víctimas de algún delito, temerosas de la corrupción de la policía o de situaciones kafkianas en que, a menudo, a ellas mismas se las acusa falsamente de algún delito, por regla general no lo denuncian. En un informe reciente, se calcula que únicamente 12% de los delitos son denunciados.[1]

A las personas acusadas de algún delito y encarceladas en espera de juicio, generalmente se las considera culpables. Una acusación y un arresto son equivalentes a una condena, ya que 85% de los acusados de algún delito son condenados. Y como sucede en gran parte del mundo, los que se encuentran en la base de la pronunciada pirámide socioeconómica de México corren la peor suerte en el sistema judicial. Sin poder pagar abogados competentes, a los pobres en general los representan abogados con exceso de trabajo, que a menudo solo conocen de manera marginal los detalles del juicio. En este contexto, muchas personas atrapadas en el torbellino del sistema legal mexicano, entre ellos los abogados, los funcionarios de la corte y tal vez algunos jueces, sienten que necesitan una ayuda sobrenatural para hacer frente a la disfunción que los envuelve. Dada la reputación de su rapidez y su relación con asuntos de justicia, la Santa Muerte se ha convertido en uno de los patrones espirituales más populares entre quienes desean que su juicio progrese en la corte.

LA MUERTE COMO ABOGADA

La importancia de los asuntos legales se ve reflejada en *La Biblia de la Santa Muerte*, que ofrece plegarias, rituales e instrucciones a fin de preparar altares para los devotos implicados en el sistema judicial. Por ejemplo, el «Ritual para ganar un juicio pendiente» está destinado específicamente a los que tienen juicios irresueltos en las cortes.

Ingredientes:
9 velas de la Santa Muerte, o bien 9 velas de color blanco.
1 pedazo de palo Abrecaminos.
1 pedazo de papel blanco de 15 cm.
2 metros de hilo de cáñamo de color blanco.
1 frasquito de esencia de la Santa Muerte (transparente).
1 sobre de polvo de la Santa Muerte.
1 pluma de tinta negra.

Procedimiento:
Aplica la esencia de la Santa Muerte a todas las velas y procede a espolvorear con el polvo todas y cada una de las velas, posteriormente escribe con la pluma negra en el papel, el número del juicio o averiguación y el nombre de su enemigo.

Posteriormente procede a enrollar el papel junto con el palo y después átalo muy bien con la ayuda del hilo de cáñamo, deja este atado a un lado de la Santa Muerte. Después procede a encender una vela por día, rezando la oración de la Santa Muerte.

Cada que prenda una vela, deberás hacer tus peticiones, pidiendo que se te abran los caminos en el problema o juicio legal que tengas y solicitando que salgas con bien y librado de todo problema legal.

Cuando hayan finalizado los nueve días, entierra el palo atado en una maceta y le ofreces a la Santa Muerte una docena de rosas blancas, solicitando se cumplan tus deseos.[2]

El ritual anterior muestra un fascinante sincretismo del catolicismo, el paganismo europeo y la santería afrocubana. El catolicismo proporciona el esquema estructural del ritual. Las personas que estén familiarizadas con los ritos de la Iglesia reconocerán este rito como una variante de la novena, en que durante nueve días se rezan las oraciones, casi siempre para causas especialmente difíciles. Además, dos ingredientes del ritual están tomados del catolicismo, la forma hegemónica del cristianismo en Latinoamérica. Por supuesto, las veladoras son omnipresentes en el catolicismo y se relacionan de manera particular con la oración. Y las rosas blancas, símbolo de pureza, son uno de los principales aditamentos en los espacios sagrados y en los altares de la virgen María en sus múltiples manifestaciones. Por último, el acto de escribir la petición de un milagro y dejar la nota en el lugar sagrado de un santo o una virgen es una práctica común en el catolicismo mexicano y latinoamericano. En los grandes espacios sagrados, cientos de peticiones de este tipo, a menudo garabateadas con múltiples errores ortográficos en español y portugués, se fijan a las efigies de algún santo o se clavan en tablas cubiertas de terciopelo, colocadas expresamente para este propósito. Lo que en este caso al parecer difiere de la práctica católica es parte del contenido de la petición escrita. Por lo menos en teoría, los católicos no piden a los santos y a las vírgenes que causen daño a otros. De hecho, Mateo 5:44 ordena a los cristianos «amad a vuestros enemigos… y orad por los que os calumnian y os persiguen» (versión de Cipriano de Valera). En cambio, al igual que muchos otros rituales de la Santa Muerte, este incluye la eliminación de los enemigos del camino del suplicante.

Identificar y fijar como objetivo a los rivales, los adversarios y los enemigos ha sido y es aún una práctica rutinaria en la brujería europea, africana y latinoamericana, así como en las religiones de la diáspora africana, entre las cuales predomina la santería en el contexto mexicano. Las creencias de la diáspora africana tienen espíritus liminales tramposos, conocidos como *eshus* en la santería, que son especialmente buenos para misiones que implican la eliminación de los aspectos indeseables del camino del cliente. Un *exú* (variante de *eshus* en portugués) en particular, que se encuentra en los panteones de espíritus del candomblé y el umbanda brasileños, en realidad se especializa en poner barricadas a los adversarios. El nombre de este *exú* no podría ser más adecuado, Exú Tranca Rua (Exú que Bloquea el Camino). Sin embargo, en este ritual de la Santa Muerte lo que se invoca son los poderes de la santería para despejar el camino, mediante el uso del palo abrecaminos (*koanophyllon villosum*, también conocido como eupatorio), planta que se emplea con frecuencia en los rituales de la diáspora africana del Caribe y de Brasil.

Envuelto en un pedazo de papel que contiene el número del juicio del peticionario y el nombre de su enemigo, el palo abrecaminos actúa, junto con el producto de otra planta, para ayudar a la Madrina a conseguir la victoria legal para el cliente. En el ritual se especifica el uso del hilo de cáñamo como elemento para atar debido al empleo de esta planta durante milenios en medicina y magia, primero en Asia, de donde es originario, y más adelante en Europa y América. Sus propiedades mágicas se relacionan en parte con las propiedades psicoactivas de la planta, las cuales provocan una condición que generalmente se obtiene con la mariguana y el hachís. Aunque los manuales de la Santa Muerte nunca prescriben la droga como un ingrediente del ritual, se recordará que muchos creyentes jóvenes ofrecen cigarros de mariguana a la Huesuda en sus altares, especialmente en el de doña Queta. Por último, la biodegradabilidad del hilo de cáñamo, junto con el papel y la rama abrecaminos, permite que se descomponga en forma natural en la tierra del recipiente en el que se entierra el último día del ritual.

Los devotos de la Santa Muerte tienden a creer que las veladoras son más efectivas si se «preparan» antes de ser ofrecidas a la Niña Blanca. En las yerberías y las botánicas de México es común que los empleados de las tiendas las preparen a los clientes sin ningún cargo extra. Generalmente la preparación consiste en rociar la veladora con unas gotas de esencia de la Santa Muerte o en grabar el nombre de la persona a la que el cliente desea que el santo esqueleto ayude o perjudique. En este ritual, concebido para ganar en el juzgado, las veladoras se preparan con esencia y polvo de la Santa Muerte, y en vez de grabar las palabras en la veladora, se escriben en el papel. La única diferencia entre las esencias y los polvos de la Santa Muerte y los demás que se encuentran en los anaqueles de las botánicas en ambos lados de la frontera, es el nombre y la envoltura.

TRIBUNAL Y JUICIO CON POLVO DE COLOR ORIGINAL está impreso
en el sobre del polvo que se encuentra junto a una efigie de madera
del santo popular guatemalteco Maximón, como parte de mi colección de objetos empleados en la práctica de la religión popular de
Latinoamérica. Hace algunos años, como profesor de estudios religiosos algo supersticioso, compré el polvo, que está elaborado con
«ingredientes especiales para ayudarlo en problemas legales», cuando
impugné una multa de tráfico que me había puesto un oficial de mi
nueva universidad el primer día que me encontraba en el campus.
Armado con la evidencia fotográfica de una señal apenas visible que
decía NO DAR LA VUELTA A LA IZQUIERDA y con un poco de polvo
espolvoreado en el pecho y las manos –siguiendo las instrucciones
de la parte posterior del sobre–, asistí confiado ante el juez del tribunal de tránsito y defendí mi caso. Aunque estaba molesto porque el
policía del campus había enviado al oficial que me impuso la multa a
enfrentarse conmigo, permanecí tranquilo y mostré al juez que la señal
se encontraba oculta por los peatones y por las ramas de los árboles.
A continuación, el juez extrañamente preguntó al policía si me había
comportado bien cuando se me había pedido que parara. Mi colega
universitario secamente dijo que sí, con lo que el juez desechó los
cargos contra mí. El sobre de polvo lo mantengo casi lleno en caso de
que deba asistir a los juzgados en el futuro.

De la misma manera en que la Niña Bonita se ha convertido en
la santa patrona de todo el sistema penal mexicano –no solo de los
reclusos–, al parecer también está registrando la misma tendencia en
el sistema judicial. El hecho de que *La Biblia de la Santa Muerte* tenga
una página dedicada a ofrecer indicaciones de cómo elaborar un altar
en un despacho jurídico, revela que la santa esquelética cuenta con no
pocos seguidores entre los abogados mexicanos. Uno de los devotos
más memorables que entrevisté fue Rodrigo, de casi 30 años de edad
y vestido elegantemente. Me explicó que se había vuelto devoto a la
edad de 20 años, sobre todo por la influencia de su madre, una devota
de la Santa Muerte de mucho tiempo atrás. Rodrigo había sido devoto
ocasional hasta que fue secuestrado en noviembre de 2007. Enfren-
tando a la muerte con la que lo amenazaban sus captores si su familia
no pagaba su rescate, Rodrigo hizo un voto desesperado a la Santa

Muerte. Si la Santa lo liberaba mediante el rescate o lo ayudaba a huir de la miserable casa de seguridad donde lo tenían retenido, erigiría dos altares a la Dama Poderosa, uno en su casa y otro en su oficina. La Dama de las Sombras nunca ofreció a Rodrigo una buena oportunidad para escapar de sus captores, pero sí posibilitó que los miembros de su familia pagaran el rescate para su liberación.

Estaba tan agradecido a su patrona por haberle salvado la vida, que el joven abogado hizo algo más que cumplir su promesa empeñada a la patrona, convirtiéndose en asistente regular al altar de doña Queta. La tarde en que lo conocí, en julio de 2009, Rodrigo me llamó la atención no solo por sus prendas finas, sino por el tequila de gran calidad que se disponía a ofrecer a la efigie más famosa de la Santa Muerte. La mayoría de los tequilas del histórico altar de Tepito, y de la mayor parte de los lugares sagrados en México, son de marcas más baratas, como Rancho Viejo y Casco Viejo. La marca de calidad del tequila de Rodrigo, Don Julio, sobresalía entre los tequilas baratos, los cuales están diluidos con ingredientes mucho más económicos que el agave azul, el único ingrediente utilizado en las mejores destilerías, como la del tequila Don Julio. Además de la bebida destilada, Rodrigo ofreció una veladora dorada a su protectora esquelética, a fin de que lo siguiera bendiciendo con prosperidad y abundancia. El joven abogado que hablaba elocuentemente, oró al esqueleto de tamaño natural de doña Queta en forma libre, como lo hacen algunos devotos. Sin embargo, para quienes prefieren pedir justicia a la Santa Muerte mediante una oración ya escrita, se puede conseguir una muy conmovedora en diversos sitios web:

> Santa Muerte bendita, protectora de los débiles y de los desamparados, madre de la justicia eterna, fuente de sabiduría, tú que miras en los corazones de los malos y los buenos, a ti, señora, me acerco para implorarte justicia. A ti, Santísima Muerte, solicito la imparcialidad de tu balanza de la justicia.
>
> Señora mía, ve mi corazón, escucha mis ruegos, que salen de la necesidad. Haz que tu justicia se haga sobre la Tierra, que tu mano divina guíe las decisiones de los jueces y los carceleros.

Gran Señora, sé implacable con los malvados que reinciden, justa con los inocentes, y benevolente con los que se arrepienten de corazón y espíritu. Oh, Niña Blanca, escucha mis plegarias y protégeme de la inequidad y la indolencia. En este día solicito tu favor para que mi caso sea sometido a tu medida y obtenga el perdón absoluto de los jueces terrenales. En el momento adecuado tú me juzgarás y tomarás las palabras que hoy pongo en prenda como la medida de mi castigo o mi absolución. Confío en ti.[3]

En esta oración para pedir justicia es digna de atención la omnipotencia y omnipresencia de la Dama Poderosa, similares a las de Dios. Protege a los débiles, puede ver en los corazones humanos, es una eterna fuente de sabiduría y es el juez de jueces que, en la muerte, usurpará el papel de Dios al determinar el destino de las almas humanas. Para ser más precisos, se aproxima al Dios del Antiguo Testamento, que castiga a los malvados y recompensa a los rectos. El lector cuidadoso habrá notado la curiosa contradicción que contiene la oración. En la primera estrofa se invoca la imparcialidad de la justicia de la Santa Muerte. Sin embargo, en el resto de la petición se implora a la Santa para que sea todo menos imparcial, ya que su «divina mano guía las decisiones de los jueces y los carceleros», que dará como resultado un «perdón absoluto».

A esta oración colocada en una web de la Santa Muerte le siguen algunos comentarios y peticiones personales de devotos que tienen sus propios asuntos jurídicos y legales. En febrero de 2010, una devota anónima de la Santa Muerte escribió en español:

Mi Flaquita me ha ayudado tanto y le doy gracias infinitas por los favores recibidos. Me abriste caminos para llegar a otro país sin problemas y has puesto en mi camino personas buenas de corazón y hoy con toda mi fe puesta en ti suplico mi niña, que hagas justicia y nos ayudes para que la persona que amo salga libre. Tú todo lo ves y sabes que él es inocente. No te pido que lastimes a quien injustamente lo acusa, solo que se descubra la verdad y que no nos moleste más y nos deje ser felices. Confío en ti mi niña y sé que me ayudarás para que pronto podamos estar juntos y amarnos hasta el último día de nuestras vidas, cuando tú nos llames.[4]

En un tono similar, una mujer escribe, en octubre de 2010, para pedir a la Niña Blanca la libertad de su marido: «Mi Huesuda preciosa, tú sabes cómo te quiero y cómo confío en ti. Hoy vengo a pedir tu ayuda nuevamente para que seas la abogada y defensora de mi esposo. Por favor, no permitas que lo encarcelen. En lugar de eso, haz que lo deporten, pero no lo dejes solo en ningún momento. Confío en que así será, mi niña».[5]

Estas dos peticiones pertenecen a un género de solicitudes en las cuales las mujeres piden a la Dama Poderosa que ayude a sus maridos o a sus hijos que han tenido problemas legales. Las estadísticas sobre la población de las cárceles tanto en México como en los Estados Unidos explican la naturaleza de género que caracteriza a este tipo de peticiones: 95% de los encarcelados en las prisiones mexicanas son hombres, mientras que en los Estados Unidos la cifra es un poco menor, 91%.[6] En ambos lados de la frontera, los encarcelados por actividades delictivas, en especial cuando está involucrada la violencia, principalmente son hombres. Esto también explica por qué entre 80% y 90% de los devotos que asisten a la misa para prisioneros celebrada los viernes por la tarde en la iglesia de la Santa Muerte de David Romo, en la ciudad de México, son mujeres y jovencitas.

Si la vinculación entre la Santa Muerte y los asuntos de la justicia y de la ley es estrecha, tal vez esta relación sea aún más acusada en su contraparte argentina, San la Muerte. De hecho, uno de los dos mitos más importantes del origen del santo esquelético argentino lo relaciona directamente con la justicia. Se recordará que un relato de su creación lo vincula con la curación. Este otro, sin embargo, habla de un rey que era famoso en su tierra por la aplicación rigurosa de la justicia. Como recompensa por su vida ejemplar, en el cielo Dios le concedió una de las tareas más importantes. Desde su trono celestial vigilaba un número enorme de veladoras encendidas, cada una de las cuales representaba a un ser que aún vivía en la Tierra. El justo rey protegía a los que tenían pabilos que ardían con fuerza y regresaba a la Tierra a recoger las almas cuyas veladoras se habían apagado. De este modo se convirtió en el delegado de Dios en la administración justa de la vida y la muerte. Y esta es la razón por la que uno de los apodos de San la Muerte es San Justo.[7]

NOTAS

[1]   David Luhnow, «Presumption of guilt», *Wall Street Journal*, 17 de octubre
      de 2009, en http://online.wsj.com/article/SB10001424052748704322004
      574475492261338318.html

[2]   *La Biblia de la Santa Muerte*, México, Editores Mexicanos Unidos, 2008,
      pp. 74-75.

[3]   *La Santa Muerte milagrosa* (blog), «Oración de la justicia», 2 de octubre
      de 2009, en http://www.lasantamuertemilagrosa.blogspot.com/2009/10/
      oraciones-la.santisima-muerte.html

[4]   *Idem.*

[5]   *Idem.*

[6]   Comisión de Derechos Humanos del Distrito Federal, en http://www.
      cdhdf.org.mx/index.php?d=dfemayo7DeniaN; National Criminal Justice
      Reference Service, «Women and girls in the criminal justice system», en
      http://www.ncjrs.gov/spotlight/wgcjs/summary.html

[7]   Frank Graziano, *Cultures of Devotion: Folk Saints of Spanish America*,
      Nueva York, Oxford University Press, 2007, pp. 77-78.

VELADORA DE SIETE COLORES

MÚLTIPLES MILAGROS

EL RECIENTE ARRESTO Y CONDENA DEL líder del culto de la Santa Muerte, David Romo, me coloca en una posición extraña. El sacerdote fundador y cabeza de la primera Iglesia de la Santa Muerte, en la ciudad de México, fue detenido a principios de enero de 2011, junto con ocho sospechosos, acusados de pertenecer a una banda de secuestradores. En la oficina del procurador general se sostuvo que el padre Romo tenía cuentas de banco para depositar el dinero de los rescates. A la manera típicamente mexicana, se presentó a Romo y a sus presuntos cómplices frente a los medios de comunicación, todos vestidos con batas blancas, lo que los hacía lucir como pacientes de un hospital psiquiátrico. Mientras los otros permanecían completamente callados, el padrino del culto lanzó una diatriba en el sentido de que él había sido incriminado como parte de una campaña preelectoral para llenar las cárceles de prisioneros, a fin de que ciertos políticos pudieran presentarse como funcionarios severos contra el crimen. Resultaba sorprendente ver al mismo hombre elocuente y bien vestido con el que había conversado largamente en la oficina de su Iglesia un año y medio atrás, ahora con un aspecto casi fiero, vestido con su uniforme de recluso y despotricando contra sus acusadores.

El arresto de Romo y su sentencia surrealista de 66 años de prisión, además de una multa de 2 666 veces el salario mínimo mexicano, me coloca en una posición difícil en que es necesario destacar la naturaleza heterogénea del culto de la Santa Muerte, precisamente en un momento histórico importante, cuando la vela votiva negra del crimen y el castigo eclipsa por completo a los otros colores. El hecho de que al vocero principal del culto lo hayan condenado por un tipo de actividad delictiva que ha afligido a muchísimas familias mexicanas y que ha lanzado al país a los primeros lugares del mundo en secuestros refuerza con firmeza la imagen pública de la Santa Muerte como santa patrona de los delincuentes. De hecho, muchas personas consideran la presunta actividad delictiva de Romo como el resultado natural de haber oficiado en el altar de una santa «satánica». Después de todo, se ha sabido que otros narcos y secuestradores famosos eran devotos de la Santa Muerte. Otras personas, en especial algunos devotos y quienes desconfían del sistema judicial mexicano, tienen la sospecha de que el supuesto arzobispo fue víctima de una celada por parte de los agentes de la ley, quienes actuaron a petición de la administración de Calderón y de la Iglesia católica, a los que Romo y sus seguidores habían denunciado con vehemencia en protestas y pronunciamientos públicos.

Más allá de la percepción pública, que naturalmente se ve influenciada con fuerza por los medios masivos de comunicación, uno de los principales planteamientos de este libro es que la Santa Muerte es una santa popular multifacética, conformada por colores muy diferentes. En tanto que la mayor parte de los periodistas prefieren centrarse en la Santa Muerte de la veladora negra, yo he tratado de examinar a la santa policroma en toda su gama de colores. Ahora, más que nunca, es el momento de reconsiderar el arcoíris de colores que se plasma en su poderosa vela votiva de siete colores.

Los devotos que buscan capacidad de concentración y comprensión encienden una veladora azul en el altar de la santa esquelética. Esta flama ilumina la singular identidad de la Santa Muerte como la única santa femenina de la muerte en América. Dos contrapartes masculinas, San la Muerte, de Argentina y Paraguay, y el Rey Pascual, de Guatemala y Chiapas, se unen a la Huesuda para constituir un trío de personificaciones esqueléticas de la muerte en el Hemisferio occidental. Sin embargo, la santa mexicana difiere de sus colegas masculinos en dos aspectos importantes. Ante todo, casi siempre se representa como una figura femenina. En concordancia con su género, tiene una larga cabellera castaña o negra, y prefiere los trajes de novia y las vestimentas reales. Muchos devotos, en especial las mujeres, la consideran una figura maternal, semejante a la virgen María. En segundo lugar, en tanto que se cree que el Rey Pascual y San la Muerte son personificaciones de individuos muertos (San Pascual Bailón en el caso del primero), la Santa Muerte, que carece de un mito de origen establecido en esta primera etapa del desarrollo de su culto, generalmente se cree que personifica a la muerte misma.

La veladora café, símbolo de sabiduría y discernimiento, ilumina la historia y los orígenes de la Flaquita. A la mayor parte de los devotos realmente no les interesa la génesis del objeto de su devoción. Les preocupa su capacidad de obrar milagros. Sin embargo, muchos de los que se interesan por sus orígenes suelen hacer hincapié en sus supuestas raíces aztecas o en otro origen indígena. Este punto de vista se deriva, en parte, de la naturaleza del nacionalismo mexicano, en el cual, a partir de la Revolución Mexicana (1910-1920), se ha glorificado el pasado precolombino y se ha restado importancia, e incluso vilipendiado, a la influencia española, al construirse la identidad nacional. Vicente Pérez Ramos, el chamán de la Santa Muerte, representa un ejemplo de este punto de vista, aunque de una manera especial, al creer que la Niña Bonita tuvo padres purépechas y nació en una aldea de Michoacán durante la época colonial española.

En cambio, yo considero que el origen de la santa esquelética proviene de la Europa medieval, particularmente de España. Durante la conquista y la colonización del Hemisferio Occidental, los frailes españoles se valieron de la figura del Sombrío Segador como un medio para evangelizar a los indígenas. La Parca, como se le conoce en España, era y es una versión femenina del Sombrío Segador masculino. Una combinación de su propia y singular interpretación del cristianismo –tal como fue propagado por los iberos– y de sus propias creencias en deidades antropomórficas de la muerte, indujo a los grupos indígenas del centro de México, de las tierras altas de Guatemala, del noroeste de Argentina y Paraguay a cambiar a la Sombría Segadora española por una santa esquelética popular.

Tachada de herética por la Iglesia católica, la devoción a la santa huesuda se volvió clandestina y permaneció como una práctica oculta hasta hace poco más de una década. En el caso de México, la Santa Muerte, que resurgió después de casi un siglo y medio de ausencia de los documentos históricos, era una hechicera del amor. La santa esquelética que documentan los antropólogos mexicanos y estadounidenses a mediados del siglo xx, es una figura monocromática dedicada en exclusiva a los asuntos del corazón, representada por la veladora roja. Así, durante su larga etapa de ocultamiento, se fusionó con los hechizos de amor mediterráneos traídos por los españoles y se convirtió en una especialista oculta en hechizos de *amarres* amorosos, principalmente destinados a corregir o castigar a los hombres rebeldes.

Dada la especial atracción que la hechicera del amor ejerce entre las mujeres marginadas, resulta muy lógico que una mujer de clase trabajadora de uno de los barrios más aguerridos figure como la pionera en transformar la devoción a la santa de la muerte, de una práctica ocultista poco conocida a un culto público reconocido a escala internacional. Enriqueta Romero, doña Queta, la antigua vendedora de quesadillas, inició esta transformación el Día de Todos los Santos de 2001, al exponer en público su efigie de tamaño natural de la Niña Bonita. A partir de entonces, su histórico espacio sagrado se ha vuelto el más popular del culto. Solamente a unos cuantos kilómetros de distancia, David Romo superó la iniciativa de la organización del culto al fundar la primera iglesia dedicada a la devoción del Ángel de la Muerte.

Basándose, en gran medida, en la liturgia y la doctrina del catolicismo romano, la Santa Iglesia Católica Apostólica Tradicional México-Estados Unidos ofrece misas, matrimonios, bautismos, exorcismos y otros oficios que se proporcionan en la mayor parte de las iglesias cristianas de Latinoamérica. Como reacción a la revocación del estatus legal de su iglesia en 2005, el sacerdote de la Santa Muerte se convirtió en el principal defensor público de esta fe. Él, y no doña Queta, encabezó la mayor parte de las protestas e hizo casi todas las denuncias públicas contra la Iglesia y el Estado por las campañas que habían dirigido contra este culto. Con Romo actualmente en la cárcel, parecería que los intentos por institucionalizar la fe han sufrido, al menos, un revés temporal.

Uno de los aspectos más destacados del culto que, gracias a la velladora café, pude percibir, fue la presencia de la Hermana Blanca cerca de mi casa. Antes de conocer la situación real de la Santa en los Estados Unidos, daba por hecho que era relativamente fácil de encontrar en la frontera con México, así como en las grandes ciudades con numerosas comunidades de inmigrantes mexicanos, como Los Ángeles, Houston y Phoenix. Y desde luego que es relativamente fácil encontrarla en los espacios sagrados y las botánicas de estos lugares. Sin embargo, me sorprendió hallarla con cierta facilidad en la ciudad donde vivo, Richmond, Virginia. Sabedor de que la población latina de la capital de Virginia no es superior a 5%, no me molesté en buscar a la Santa hasta que mi investigación estuvo avanzada. Sin embargo, resulta que no solo puedo comprar veladoras y estatuillas en tres centros comerciales latinos a pocos kilómetros de mi casa, sino que además puedo visitar un altar bastante elaborado en una botánica que se especializa en los objetos de la Santa en la parte sur de la ciudad. La presencia de la Huesuda en una ciudad de tamaño medio que solo tiene una pequeña población de inmigrantes latinoamericanos significa que su culto se ha generalizado en los Estados Unidos.

En la mayor parte de las botánicas de ambos lados de la frontera, la veladora blanca de la Santa Muerte, que simboliza pureza, protección, gratitud y consagración, es la más vendida. Su llama ha iluminado las creencias y prácticas del nuevo culto. La reputación de la santa esquelética como poderosa hacedora de muy diversos milagros es de suma importancia. Menos preocupados por el destino de sus almas en la otra vida, los devotos buscan la intervención de la Dama Poderosa en los asuntos mundanos relativos a la salud, la riqueza y el amor. El hecho de que actualmente la Santa pueda hacer toda clase de milagros –lo que se ve reflejado en los múltiples colores de su culto– y no solo los relacionados con asuntos del corazón, la hace más atractiva. Gracias a que su culto ofrece veladoras de diferentes colores para una amplia gama de propósitos, no es necesario que los devotos busquen asistencia sobrenatural para sus problemas y aflicciones más allá del vasto repertorio de los poderes de la Huesuda.

En general, una de las principales atracciones de los santos populares es su similitud con los devotos: generalmente son de la misma
nacionalidad y la misma clase social que quienes los veneran. En sus
gustos y preferencias, la Santa Muerte no podría ser más mexicana.
No obstante su forma sobrenatural, los devotos la consideran como
uno de ellos, por lo que le obsequian las mismas ofrendas que a ellos
les gustan. De este modo, entre las ofrendas más comunes en sus altares figuran el chocolate, el tequila, la cerveza y los cigarros, porque
los devotos de la Santa Muerte creen que la Santa disfruta la misma
comida, la misma bebida y el mismo tabaco que ellos. La proximidad
cultural de la santa esquelética con sus devotos permite que exista una
relación más íntima con ella. Los santos canonizados, especialmente
los europeos, no pueden ofrecer el tipo de intimidad que brinda una
santa considerada «una cabrona, como nosotros» –palabras que una
mexicana usó para describir el atractivo de la Santa Muerte–. A pesar
de que la santa esquelética es una «niña bonita y blanca», es mundana
y brava, igual que muchos de sus seguidores.

Aparte de su mexicanidad, la santa esquelética atrae a los seguidores
por su omnipotencia y por la prontitud de su actuación. Ha adquirido
rápidamente la reputación de ser el más «cumplidor» de los santos
populares de México. Muchos devotos me dijeron que habían recurrido a ella después de haber pedido favores, sin éxito alguno, a otros
santos, como el popular San Judas Tadeo. Gran parte de su reputación
de poder y efectividad proviene de su posición en la teología popular.
Los devotos de la Santa Muerte en general la consideran situada solo
por debajo de Dios en la jerarquía celestial, y en la práctica incluso
suplanta a Dios mismo, en términos de milagros obrados y de la cen-
tralidad de la devoción.

La práctica de la devoción se basa, en gran medida, en los rituales
católicos. Los altares de los hogares, las oraciones establecidas, las
novenas, los rosarios, e incluso las misas, generalmente preservan la
forma y estructura católicas, si no es que también el contenido. De este
modo, al venerar a un santo popular nuevo, el culto ofrece a los neófitos
la familiaridad con el catolicismo mexicano. Los altares, tanto privados
como públicos, representan uno de los principales medios que utilizan

los devotos para comunicarse con la Dama de las Sombras, o bien para honrarla. Algunos son tan simples como una estatuilla rodeada de unas veladoras, en tanto que otros son espacios sagrados muy abigarrados, en los que se ha invertido mucho tiempo y recursos. En un culto en que se acentúan los aspectos visuales y táctiles de la devoción, el altar permite a los creyentes dirigirse directamente a la Santa mientras miran las cuencas vacías de sus ojos y tocan su túnica ondulante. Pese a su reputación de ser celosa, otras figuras sobrenaturales, cristianas y no cristianas, a menudo comparten el altar de la Santa Muerte. Así, a pesar de que hay una gran continuidad con el catolicismo, en especial con la variedad popular, las creencias y prácticas del culto de la santa esquelética difieren lo suficiente del cristianismo y son tan novedosas en sí mismas como para ser consideradas un movimiento religioso.

Una parte importante de la novedad del culto es la Santa Muerte de la veladora negra, que definitivamente es acristiana o incluso anticristiana. Al realizar milagros de venganza, la santa esquelética difiere por completo del cristianismo. Y esto es precisamente lo que distingue al culto de esta santa en las economías religiosas libres de México y los Estados Unidos. Los que buscan un ser sobrenatural que cumpla peticiones que, en el contexto cristiano, se consideran moralmente dudosas, o incluso pecaminosas, no necesitan buscar más. La Santa Muerte acrítica, a menudo amoral, de la veladora negra otorgará favores que los santos canonizados no harían. De este modo, no es sorprendente que la Sombría Segadora resulte tan atractiva para quienes se especializan en actividades que causan daño a otros, y también para los que buscan protección contra quienes se dedican a causar muerte y destrucción.

Durante el Gobierno de Calderón, la principal causa de la muerte y la destrucción en México fue la guerra contra las drogas. El candidato Calderón se había presentado con una plataforma de creación de empleos. Sin embargo, una vez que tomó el poder, quedó claro que su principal prioridad era declarar la guerra a los cárteles de las drogas –aparentemente más a unos que a otros–. El resultado de su guerra fue un paroxismo de violencia en que los cárteles luchaban entre sí por el control de los mercados, y las fuerzas del Gobierno dirigían ofensivas a gran escala contra ciertas organizaciones delictivas, como Los Caballeros Templarios, el grupo más fuerte en Michoacán, el estado natal de Calderón. En esta guerra sin cuartel murieron más de 70 000 mexicanos a lo largo del sexenio de Calderón. Ciudad Juárez, en la frontera con El Paso, Texas, ha llegado a ser conocida como *la Bagdad de la frontera*: su índice de asesinatos se encuentra entre los más altos del mundo.

La Santa Muerte desempeña papeles complejos y fundamentales en esta guerra. En primer lugar, es la patrona de un considerable número de narcos que le piden protección para ellos y castigo para sus enemigos. En un negocio que implica peligro constante, los traficantes de drogas necesitan protección para sus productos y para sí mismos. De este modo, miles de narcos solicitan a la Dama Poderosa que sus cargamentos de mariguana, cocaína y metanfetaminas lleguen bien a sus destinos finales, generalmente ubicados en ciudades y poblaciones de los Estados Unidos. En sentido similar, piden a la Huesuda que, con su guadaña, los proteja de los traficantes rivales y los agentes de la ley. Como es la Sombría Segadora, sin lugar a dudas que algunos narcos también le piden que use su guadaña como arma ofensiva para enviar a sus enemigos a sus últimas moradas. Se ha descubierto que un importante número de cabecillas de alto perfil del negocio de las drogas eran devotos de la Santa Muerte, lo que ha creado la impresión de que ella es la principal santa de los narcos, la patrona espiritual de los traficantes de psicotrópicos.

A su vez, la administración de Calderón identificó a la Madrina como enemiga número uno en su guerra contra los cárteles. De hecho, la destrucción con *bulldozers* por parte del Ejército Mexicano de más de treinta altares en la frontera fue lo que me impulsó a escribir este libro. El Partido Acción Nacional, al que pertenece Calderón, tiene vínculos cercanos con la Iglesia católica, la cual ha condenado el culto a la santa esquelética como satánico. Calderón, su partido y la Iglesia consideran a la Santa Muerte como expresión religiosa de la narcocultura, es decir, la estética y las modas distintivas de los gánsteres y de los aspirantes a gánster de las drogas. Así, a la Niña Bonita la caracterizan los narcocorridos, los Cadillac Escalade negros y las hebillas de latón descomunales repujadas con hojas de mariguana como parte integral de la glorificación de los narcos y su estilo de vida.

Sin embargo, la función más interesante de la Santa es la de protectora espiritual de algunos agentes del Gobierno que participan en la guerra contra los cárteles. Es posible que algunos de los soldados que arrasaron los altares de la frontera fueran devotos de la Santa Muerte. Al parecer, la devoción a la Dama de las Sombras es particularmente profusa entre las fuerzas de las policías municipales, que a menudo están en la línea de fuego y sufren la mayor parte de las bajas en esta larga guerra. La mitad de los oficiales de la fuerza de la ciudad de Valle de Chalco, en el Estado de México, muestran una imagen bordada de la Flaquita en las camisas de sus uniformes. En este caso, el papel de la Santa como protectora de los que a diario se enfrentan a la muerte se muestra en relieve. Es completamente irónico que quienes se ven más amenazados por un fallecimiento inminente deban apelar a una santa de la muerte para preservar su vida, y lo es aún más cuando los que amenazan sus vidas también piden protección a la Dama Poderosa. Al margen de esta paradoja, la veladora negra de protección y venganza está brillando más que nunca en el campo de batalla de México.

Sin embargo, las veladoras negras están entre las menos vendidas y también entre las menos comunes en los altares públicos. En un marcado contraste, la veladora roja para el amor y la pasión es la más solicitada, y figura como uno de los tres colores más populares en los espacios sagrados públicos. Sin lugar a dudas, las plegarias y peticiones sobre asuntos del corazón han mantenido a la Niña Bonita más ocupada que cualquier otro tipo de peticiones, por lo menos desde la década de 1940. Se recordará que entre los cuarenta y los ochenta, la Santa Muerte aparecía en las notas de campo de los investigadores mexicanos y estadounidenses como una figura sobrenatural especializada en la magia del amor. Al parecer, durante su larga etapa de ocultamiento, desde finales de la época colonial hasta mediados del siglo XX, se transformó en una santa popular especializada en los mismos hechizos de amor que existían en la región mediterránea de la antigüedad y que llevaron los españoles al Nuevo Mundo.

La mayor parte de los estudios antropológicos de mediados del siglo XX mencionan a la santa esquelética actuando específicamente en favor de las devotas. Y en aquel tiempo, al igual que hoy en día, la petición más común ha sido para que los esposos y novios descarriados sean «atados y entregados humildemente a los pies» de las esposas y amantes celosas. De hecho, la oración más antigua de la Santa Muerte es de *amarre* amoroso, y se encuentra impresa en la parte posterior de casi todas la veladoras rojas, e incluso en algunas de otros colores. Resulta convincente que la imagen femenina de una santa mexicana de la muerte corrija y castigue a los reales o supuestos transgresores masculinos. Desde luego que el contexto socioeconómico de la magia del *amarre* lo constituye el inmemorial desequilibrio de poder que ha reinado entre hombres y mujeres, y que a ellas las ha orillado a recurrir a la hechicería y otros recursos sobrenaturales para compensar su falta de acceso a los medios terrenales en los ámbitos socioeconómico y político.

Sin lugar a dudas que el México contemporáneo no es el antiguo Mediterráneo. No obstante, la precariedad de la vida de millones de mujeres pobres, en especial en el contexto de la peor recesión económica registrada en las últimas décadas, significa que muchas de ellas tienen que hacer un esfuerzo extraordinario para conseguir o conservar un marido que tenga trabajo. Aunque el propósito de la película *La Santa Muerte*, dirigida por el cineasta evangélico Paco del Toro, era demonizar literalmente a la Niña Blanca, retrató en forma realista la lucha que dos mujeres emprenden por un profesionista próspero –su esposa y su amante–. Ambas recurren a la suprema hechicera en cuestiones de amor, la Santa Muerte, en sus intentos por embrujarlo para que se quede con ellas. En caso de que el hombre abandonara a su familia, podría causar severas penurias a su esposa, un ama de casa, y a sus hijos. Del mismo modo, su amante, madre soltera de la clase trabajadora, perdería los beneficios materiales que suelen proporcionar los hombres mexicanos para mantener una *casa chica*, esto es, la casa de su amante. Pero los hombres también buscan a la Niña Bonita para sus propios asuntos del corazón, aunque lo hacen con menor frecuencia que sus esposas, madres y hermanas.

Los asuntos materiales son de gran importancia para la mayoría de los devotos, quienes trabajan en economías de escasez. Tanto México como los Estados Unidos se encuentran saliendo de una de las peores recesiones que han experimentado en décadas; recesiones en las que millones de personas de ambos lados de la frontera perdieron sus trabajos, o han visto reducidas significativamente sus horas laborales. Por lo tanto, no es de sorprender que la veladora dorada, símbolo de prosperidad y abundancia, sea, con mucho, la más popular de los nuevos colores de las veladoras, solo un poco menos común que las rojas y las blancas, que son las más vendidas. Algunos devotos piden a la Dama Poderosa que los colme de riquezas, pero la mayoría hacen peticiones más modestas y solo piden el milagro de contar con un trabajo fijo o de que su pequeño negocio prospere. Las estatuillas de la Santa Muerte son tan comunes en los negocios familiares de todo México que da la impresión de que más que santa de los narcos se ha vuelto la patrona de los pequeños negocios.

Los beneficios financieros de la santa esquelética no se limitan al culto de los creyentes. Miles de negocios en ambos países obtienen generosas ganancias por las ventas de sus objetos para la devoción, así como de artículos de moda, por ejemplo las camisetas. En innumerables puestos de mercados, en botánicas, e incluso en tiendas de artículos para elaborar joyería, los propietarios de los negocios obtienen buenos beneficios de la venta de veladoras, efigies, rosarios, esencias y otros productos comunes de la devoción. Uno tras otro, los propietarios de tales negocios me dijeron que las ventas de los objetos de la Santa Muerte representaban la mitad, sino es que más, del total de sus ventas. A diferencia de otros santos, cuyos accesorios solo se venden bien los días previos a sus días de fiesta, la línea de mercancías de la Huesuda se vende bien a lo largo de todo el año. Aparte de los productos específicamente destinados a la veneración, la gran cantidad de ropa con su imagen, como las camisetas y las sudaderas, así como el negocio de los tatuajes, generan un ingreso significativo para los proveedores de tales productos. Asimismo, la reciente aparición de la Santa en novelas, televisión y películas produce sustanciosos ingresos a los creadores que la han presentado en sus dramas.

Como era de esperarse, en las películas y en la televisión la santa esquelética desempeña el papel de la santa de la veladora negra. Sin embargo, lejos de las cámaras, la Santa Muerte es protagonista de mi-

ríadas de relatos de curaciones. Aunque la veladora morada destinada
a la curación es una de las menos vendidas, constituye solo uno de los
tres diferentes colores de veladoras empleadas para los propósitos de
recuperación de la salud o para su mantenimiento. A primera vista,
podría parecer ilógico que la gente se acercara a una santa de la muerte
cuando busca prolongar su vida. Después de todo, en el mundo occidental se vincula a la muerte principalmente con enfermedades y
pestes. Recuérdese que la imagen del Sombrío Segador surge durante
la peste negra, la cual causó la muerte prematura de muchos europeos.

Sin embargo, existen contracorrientes culturales europeas, y en
especial latinoamericanas, en las que la muerte se manifiesta como un
agente de curación. En algunos cuentos de hadas en lengua alemana y
algunos relatos populares mexicanos, la muerte ofrece a ciertos individuos el poder de curar a los enfermos. La curación es tan determinante
en las misiones de los santos esqueléticos, que se cree que dos de los
tres que se veneran en Latinoamérica se concibieron en medio de la
enfermedad. De acuerdo con la leyenda, el Rey Pascual, santo popular
guatemalteco y el más viejo de los tres santos asociados a la muerte,
se apareció a un hombre maya enfermo de gravedad cuando se sufría
el azote de una peste virulenta, y le ofreció terminar con dicha peste a
cambio de su devoción hacia él. En sentido similar, de las dos leyendas
principales sobre el origen del culto argentino, una describe a San la
Muerte como un fraile católico que cuidaba a los leprosos durante la
época colonial.

El culto de la Santa Muerte aún ha de elaborar un mito creacional
unificado de la Santa, pero aparentemente esta no lo necesita para
destacar como una de las curanderas sobrenaturales más potentes en
el ámbito religioso mexicano. La fuerza y popularidad de la Santa se
derivan de dos factores. En primer lugar, en el meollo de la religión
popular de toda Latinoamérica, y de hecho en gran parte del mundo,
existe una inquietud por la curación a través de la fe. Los creyentes
pobres que carecen de acceso a los cuidados modernos de salud y
que no pueden hacer uso de hospitales y clínicas de salud, recurren
a santos, espíritus, Jesucristo y otros seres sobrenaturales para curar
sus males. Si el pentecostalismo y el catolicismo carismático han

florecido en Latinoamérica, se debe en gran medida a su promesa de curar a los enfermos, cuyos males a menudo están relacionados con la pobreza.

A los devotos que consideran a la Santa más bien como una figura cristiana, la Flaquita ofrece, junto con una buena dosis de curación, una transformación personal. La veladora amarilla de la Santa Muerte, que simboliza la curación de la adicción a las drogas, ilumina el camino de los alcohólicos y de quienes abusan de las drogas pero que intentan dejar el hábito mediante cambios positivos en sus vidas. No obstante, algunos devotos solo están interesados en recuperar la salud, o la de un ser amado, y no desean transformar significativamente su vida. La Dama Poderosa está dispuesta a curar a este tipo de devotos mientras cumplan las obligaciones rituales hacia ella, en especial las promesas que se hayan hecho al solicitar sus poderes curativos.

También se hacen miríadas de promesas a la santa esquelética de la ley y la justicia, representada por la veladora verde. En una sociedad caracterizada por una concentración de la riqueza en manos de relativamente pocas personas, la guadaña de la Sombría Segadora se convierte en un excelente instrumento igualador, y al moverla con la misma fuerza sobre todos los mexicanos –sin importar su clase social–, borra las patentes diferencias entre los Carlos Slim del país y los millones de ciudadanos anónimos que luchan simplemente para llegar a fin de mes. No puede subestimarse la atracción que ejerce la Santa Muerte como máxima niveladora social.

En un ámbito más terrenal, la Santa Muerte de la veladora verde cumple la función de una patrona sobrenatural de todo el sistema judicial mexicano. Para la mayor parte de los devotos con problemas legales, la Dama Poderosa actúa más bien como abogada que representa los intereses del cliente. Y al igual que la mayoría de los abogados, a la santa esquelética no le interesa la culpabilidad o inocencia de sus clientes, sino su capacidad para pagar, desde luego mediante un pago ritual. Esto no significa que la Madrina nunca actúe como juez. A veces llega a juzgar, sin embargo, uno de los aspectos sobresalientes que se le atribuye a la Santa es su actitud acrítica. Su preocupación básica es conseguir el mejor acuerdo posible para sus clientes, sea esta una sentencia condicional o una deportación, en lugar de un encarcelamiento. Pero, de manera similar, actúa como defensora sobrenatural de los abogados, jueces y carceleros que la veneran. La naturaleza kafkiana del sistema judicial mexicano implica que incluso algunos magistrados y abogados relativamente poderosos puedan encontrarse en la necesidad de recurrir a una ayuda sobrenatural de vez en cuando.

Más allá de la veladora verde y del resto de veladoras de un solo color, los colores principales del culto se unen en la veladora de siete colores. Muchos devotos buscan milagros en distintos frentes, especialmente en un contexto socioeconómico de extrema violencia y penurias financieras, y la Santa Muerte de los siete poderes (como también se conoce a la veladora) constituye el máximo factótum sobrenatural, que puede responder de manera simultánea a diversas peticiones. La demanda de milagros en múltiples frentes se refleja en las altas ventas de la más reciente veladora del culto. Compite con la dorada entre las más vendidas de los colores no tradicionales (los tradicionales son rojo, blanco y negro). La veladora policroma también refleja la influencia, cada vez mayor, que ha tenido la santería en el culto, ya que es una adaptación de la popular veladora de las *siete potencias* que emplean los seguidores de la religión afrocaribeña. Doña Queta tiene en su casa toda una habitación llena de objetos rituales procedentes de la santería. Resulta interesante que es un espacio privado, al que no pueden acceder los devotos y visitantes ordinarios.

Y en mi propio espacio privado, donde he escrito la mayor parte del libro, la veladora de los siete colores, que está encima de mi escritorio, me ha inspirado. He llevado a cabo la investigación y he escrito el libro durante un tiempo en que ha habido muchas muertes violentas en México. En medio de informes semanales de masacres, entierros masivos, cuerpos decapitados y secuestros –todo relacionado con la interminable y generalizada guerra contra las drogas–, en ocasiones resultaba tentador centrarse demasiado en la veladora negra. La veladora de los colores del arcoíris que montaba guardia a unos metros de mi laptop, la misma con la que la Huesuda me atrajo para que la estudiara, me ayudó a mantener mi atención en un panorama más amplio, el del culto de muchos colores. Con la sentencia de uno de los padrinos del culto acusado de secuestro, la condena de la Santa por parte del Vaticano y la reciente profanación de decenas de espacios sagrados en la frontera México-Estados Unidos, el futuro de este nuevo movimiento religioso podría parecer sombrío. Sin embargo, la capacidad de la Dama Poderosa para obrar milagros en múltiples frentes, y no solo en uno en particular, significa que un número cada vez mayor de mexicanos, latinoamericanos e incluso de afroamericanos y euroamericanos se convertirán en devotos de la Muerte.

FUENTES

Aguirre Beltrán, Gonzalo, *Cuijla: Esbozo etnográfico de un pueblo negro*, México, FCE, 1958.

Aridjis, Eva (dir.), *La Santa Muerte*, Navarre, 2008.

Aridjis, Homero, *La Santa Muerte: Sexteto del amor, las mujeres, los perros y la muerte*, México, Conaculta, 2004.

Bennett, Linda A., Carlos Campillo, C. R. Chandrashekar y Oye Gureje, «Alcoholic beverage consumption in India, Mexico, and Nigeria: A cross-cultural comparison», *Alcohol Health and Research World* 22, núm. 4, 1998, pp. 243-252. Disponible en http://pubs.niaaa.nih.gov/publications/arh22-4/243.pdf

Bernal, María de la Luz, *Mitos y magos mexicanos*, 2a. ed., México, Grupo Editorial Gaceta, 1982.

Caputo, Philip, «The fall of Mexico», *Atlantic*, diciembre de 2009, http://www.theatlantic.com/magazine/archive/2009/12/the-fall-of-mexico/7760/

Chesnut, R. Andrew, *Competitive Spirits: Latin America's New Religious Economy*, Nueva York, Oxford University Press, 2003.

———, *Born again in Brazil: The Pentecostal Boom and the Pathogens of Poverty*, New Brunswick, NJ, Rutgers University Press, 1997.

Cortés, Fernando (dir.), *El miedo no anda en burro*, Diana Films, 1976.

Del Toro, Paco (dir.), *La Santa Muerte*, Armagedon Producciones, 2007.

Feldman, Lawrence H., *The War against Epidemics in Colonial Guatemala, 1519-1821*, Raleigh, NC, Boson Books, 1999.

González Rodríguez, Sergio, *Huesos en el desierto*, Barcelona, Anagrama, 2002.

Graziano, Frank, *Cultures of Devotion: Folk Saints of Spanish America*, Nueva York, Oxford University Press, 2007.

Grimm, Jacob y Wilhelm Grimm, «El ahijado de la Muerte», *Cuentos de niños y del hogar. T. I* [María Antonia Seijo, trad.], Madrid, Anaya, 1988.

Holman, E. Bryant, *The Santisima Muerte: A Mexican Folk Saint*, edición de autor, 2007.

Kelly, Isabel, *Folk Practices in North Mexico: Birth Customs, Folk Medicine, and Spiritualism in the Laguna Zone*, Austin, University of Texas Press, 1965.

La Biblia de la Santa Muerte, México, Editores Mexicanos Unidos, 2008.

Oscar Lewis, *Los hijos de Sánchez*, México, Grijalbo (1961), 1982.

Lomnitz, Claudio, *Death and the Idea of Mexico*, Nueva York, Zone Books, 2008.

Martínez Gil, Fernando, *Muerte y sociedad en la España de los Austrias*, México, Siglo Veintiuno Editores, 1993.

Navarrete, Carlos, *San Pascualito Rey y el culto a la muerte en Chiapas*, México, Instituto de Investigaciones Antropológicas-UNAM, 1982.

Olavarrieta Marenco, Marcela, *Magia en los Tuxtlas, Veracruz*, México, Instituto Nacional Indigenista, 1977.

Perdigón Castañeda, J. Katia, *La Santa Muerte: Protectora de los hombres*, México, INAH, 2008.

Soref, Dror (dir.), *Not Forgotten*, Skyline Pictures, 2009.

Steinkraus, Keith H. (ed.), *Handbook of Indigenous Fermented Foods*, 2a. ed., Nueva York, Dekker, 1996.

Thompson, John, «Santísima Muerte: On the origin and development of a Mexican occult image», *Journal of the Southwest* 40, invierno de 1998, http://findarticles.com/p/articles/mi_hb6474/is_4_40/ai_n28721107/?tag=content;col1

Toor, Frances, *A Treasury of Mexican Folkways*, Nueva York, Crown, 1947.

Villarreal, Mario, «Mexican elections: The candidates», *American Enterprise Institute*, http://www.aei.org/docLib/20060503_VillarrealMexicanElections.pdf